L'ARMÉE
DE L'ALLEMAGNE
DU NORD

24866. — PARIS. — TYPOGRAPHIE A. LAHURE
Rue de Fleurus, 9

L'ARMÉE

DE

L'ALLEMAGNE

DU NORD

Par le Comte DE RASCON

OUVRAGE TRADUIT DE L'ESPAGNOL ET ANNOTÉ

PAR

A. DE PANIAGUA

CHEVALIER DE LA LÉGION D'HONNEUR

PARIS

IMPRIMERIE GÉNÉRALE, A. LAHURE, ÉDITEUR

9, RUE DE FLEURUS, 9

1880

PRÉFACE

Nous donnons la traduction d'un livre profondément étudié et écrit par un diplomate éminent, M. le comte de Rascon, ancien ambassadeur d'Espagne à Berlin. Ce livre est rempli de faits intéressants et de détails puisés aux meilleures sources; M. le comte de Rascon a su avec un rare bonheur coordonner ses études, ses remarques, ses observations, et en faire un tout complet qui apporte une vive lumière sur l'organisation de l'armée de l'Allemagne dont on s'occupe tant aujourd'hui.

Nous avons jugé que cette traduction pourrait être utile à quelques-uns, et c'est cette pensée qui nous a décidé à l'entreprendre.

L'ouvrage espagnol a été publié en 1871 immédiatement après la guerre franco-allemande, aussi n'a-t-il pas été possible à l'auteur de se servir des données et des renseignements dont les nombreuses publications qui ont paru vers le milieu de 1871 et depuis étaient remplies. Ce livre porte le cachet de l'exactitude et de la véracité par suite de la manière même dont il a été fait; il a été composé pour la plus grande partie avec les rapports officiels que M. le comte de Rascon envoyait à son gouvernement.

Depuis, bien des changements se sont produits, bien des faits nouveaux sont survenus; nous avons cherché à les indiquer dans quelques notes placées à la fin du volume.

AVANT-PROPOS DU TRADUCTEUR

FRANCE, ESPAGNE, ALLEMAGNE.

Il faut remonter aux origines des nations pour bien comprendre leur caractère et le génie qui les anime. Le berceau d'une race est le point de départ qui marque les transformations successives de son tempérament mais l'on doit rechercher aussi pour bien l'apprécier, les évolutions historiques qui se sont produites, les événements heureux ou malheureux qui ont éclaté au cours des siècles passés, les bouleversements politiques et guerriers, les jours de joie et les sombres époques, toutes choses qui changent l'âme des nations comme celle des individus.

Toutes les invasions ont passé par les profondes forêts de la Germanie, mais n'y ont laissé que peu de traces de leur rapide passage, préférant les plaines fertiles des pays du soleil aux champs brumeux du Nord. L'Allemand, premier soldat d'invasion lui-même, a donc vu s'écouler comme un fleuve humain toutes les hordes barbares venues après lui, et il est resté tranquille possesseur des sables du Brandebourg, des forêts de la Teutoburgerwald et des gorges de la Franconie, sans que le Romain, ce vainqueur des peuples, ait pu complètement l'asservir; Varus est venu se briser contre lui et la domination de Rome ne fut jamais bien assise dans la Germanie.

Les envahisseurs s'établissaient dans les pays qu'ils conquéraient, selon leurs désirs et leurs goûts. Les délicats, pour ainsi dire, choisirent les riches terres de la Gaule, les Burgondes prirent la vallée du Rhône, les Francks s'établirent au nord de la Loire et les Wisigoths au sud. A ces éléments divers d'invasion se mêla bientôt le vieux sang gaulois, riche en vertus guerrières, et le sang romain qui donna sa science, son amour du beau et sa vieille civilisation.

L'Espagne, l'antique et vaillante Ibérie de Sagunte, fut par sa position géographique la dernière envahie; les Wisigoths s'établirent au centre, les Vandales au sud et les Suèves à l'ouest; mais la race primitive demeura fière et debout dans ses montagnes inaccessibles; le Maure vint ensuite apporter ses arts, ses connaissances et sa chevalerie orientale.

L'histoire de l'Allemagne est sombre comme son ciel; les Germains, guerriers farouches, sont remplacés par les reitres et les trabans, et, aujourd'hui encore, la guerre est l'enseignement de l'enfant. L'histoire de l'Espagne et de la France, ces deux sœurs latines, est éclatante; l'une sauve le monde chrétien à Poitiers, l'autre découvre un monde nouveau. La première a le Cid Campeador et Charles-Quint, la seconde Roland et Napoléon. Si l'Espagne est religieuse et intolérante avec Philippe II, elle combat fièrement pour son indépendance, et son esprit de fanatisme outré est son plus ferme soutien dans la lutte; la France, secouant le joug écrasant du moyen âge, ouvre une ère nouvelle et donne au monde attentif le code de l'humanité.

La féodalité n'a pour ainsi dire pas disparu de la terre allemande et si elle ne fait plus les lois, elle domine encore dans les mœurs. L'Allemand naît avec un esprit de discipline et de soumission que l'on chercherait en vain chez l'Espagnol et le Français; il est dans son tempérament d'obéir et c'est là sa principale vertu militaire: c'est un soldat exécutant un ordre avec une justesse parfaite, mais c'est un soldat manquant de l'initiative qui enfante les héros. Nous ne voulons point dire qu'il n'est pas brave, ce qui serait une erreur, mais qu'il possède un courage passif qui le fait mourir bravement à un poste donné, sans réflexion comme sans murmure. Avec un tel caractère la discipline rigoureuse est facile, mais il ne faut point chercher à obtenir un effort individuel ; c'est là ce qui fait la force de l'armée allemande et en même temps sa faiblesse. Tout doit venir des chefs et si un jour cette direction supérieure vient à manquer, que deviendra cette puissance formidable, et ne donnera-t-elle pas à penser au colosse aux pieds d'argile du songe de Nabuchodonosor ?

L'Allemand est en même temps pacifique et guerrier ; il aime par nature la tranquillité et la vie facile et s'accommode de tout sans difficulté. Ce n'est que lorsqu'en lui bouillonne un dernier flux du vieux sang germain que tous les instincts guerriers des ancêtres reviennent lui offrir aux regards la guerre avec ses carnages et la victoire avec ses butins.

Le Français est plus désintéressé ; il ne calcule pas le sang de ses veines, il l'offre généreusement et répète volontiers avec un de ses rois : « Je ne vends pas la paix, je la donne. » Une grande souplesse d'esprit, une aptitude singulière à s'assimiler toutes choses, une ardeur au travail qui étonne quand on connaît son insouciance, peut-être beaucoup de présomption, une tendance fâcheuse à apprendre d'une façon superficielle sans approfondir les choses, une fierté superbe, un courage qui surprend même ses ennemis, voilà ses défauts et ses qualités. Si c'est là le tempérament du citoyen, combien plus encore celui du soldat. Chantant en montant à l'assaut, riant en recevant la mort, comme le Gaulois son père il se moque de son ennemi qui le tue. Son élan dans le combat est impétueux et les étrangers ont inventé un nom pour le définir; il trouve des ruses et les réussit le plus souvent, il est aventureux, brave et gai. Avec ce caractère on ne peut demander une discipline aussi stricte qu'en Allemagne; il faut plus d'élasticité, plus de facilité; mais que l'on n'aille pas croire que le soldat français n'est pas respectueux de la discipline et de la hiérarchie; c'est une erreur dans laquelle tombent ceux qui n'observent que les apparences et ne veulent pas considérer le tempérament bon, aimant, mais absolument fier du Français.

L'Espagnol, courbé pendant une si longue période

sous le joug de fer de l'intolérance fanatique, a conservé un esprit taciturne et quelque chose de rigide dans le caractère; son orgueil n'a d'égal que sa bravoure, il sait marcher en avant et s'il recule, c'est pour reprendre de nouvelles forces et mieux terrasser son ennemi. Il est comme les dieux, il aime la vengeance; il est indifférent par superbe et travailleur par nécessité, car sa sobriété est extrême et il ne veut demander à la terre que ce dont il a besoin. N'a-t-il pas le soleil! Autant et plus que tout autre, il a l'esprit discipliné; citoyen, il respecte les lois au milieu des plus grands bouleversements, et bien souvent lorsque l'on ne sait plus où les lois se sont réfugiées; soldat, au milieu des pronunciamentos, il sait le respect qu'il doit à ses chefs et quelque bannière qu'il suive, on le trouve soumis, brave, donnant son sang pour son parti ou sa patrie, et son dernier cri est toujours un vivat. Il a le mépris de la vie qu'il puise dans sa vertu et le respect de la mort qui lui vient de sa religion profonde.

Au point de vue purement matériel la sobriété de l'Espagnol est proverbiale, sa force à supporter les marches et les fatigues très grande; ce qui le prouve bien, c'est qu'il résiste aussi bien lorsque la fortune l'abandonne que lorsqu'elle le soutient. Harassé il trouve dans son indomptable énergie une vigueur nouvelle, et dans le sentiment inné du devoir, la possibilité de multiplier les prodiges alors qu'on le croit anéanti.

La plupart de ces qualités sont celles du Français. Sans avoir la sobriété de l'Espagnol, il endure les fatigues, les privations, et se venge de sa fortune contraire en la raillant. Il se décourage peut-être plus vite, mais qu'il entrevoie un rayon d'espoir, il reprend son énergie, il redevient lui-même : vaillant au combat, impétueux dans l'attaque, mourant obscurément sans regret, sans plainte, et si son œil prêt à se fermer voit les siens aller en avant, il est heureux et fait gaiement le sacrifice de sa vie. Plus primesautier que quiconque, il aime les grandes actions, les actes de courage individuels souvent désespérés ; il joue son existence un contre mille avec autant de sangfroid lorsqu'il l'a décidé, que s'il assistait à une fête : c'est la fête de la gloire mourante.

L'Allemand a l'esprit plus mathématique, brave, mais penseur, il s'expose au bon moment et lorsqu'il le faut. Il veut bien donner son sang pour son Dieu, son roi et sa patrie, mais il veut que ce ne soit pas un sang inutilement répandu. Il est soldat non seulement dans le combat, mais encore dans toutes les opérations de la guerre ; il supporte les intempéries des climats et a une grande force de résistance à la marche ; mais pour obtenir tout cela de lui, il faut que la nourriture ne lui fasse pas défaut, car habitué à un climat froid, il a énormément besoin de calorique pour soutenir ses forces.

On a dit que tous les hommes civilisés avaient une valeur égale ; sans doute, mais il est plus juste de dire que tout en étant métaphysiquement égale, elle change de forme dans ses manisfestations. Cela tient à l'éducation, au climat, au tempérament, aux idées nationales, enfin à tout ce qui entoure l'homme au point de vue physique et moral.

Aussi n'avons-nous pas pensé à rechercher dans ce court avant-propos quel est le soldat le plus brave ; loin de nous cette idée que nous repoussons comme absurde ; notre but a été d'établir autant que faire se peut le genre de bravoure de chacun, d'après ses aptitudes particulières et le génie de sa nationalité.

A. DE PANIAGUA.

L'ARMÉE DE L'ALLEMAGNE DU NORD

CHAPITRE 1er

HISTORIQUE DE L'ORGANISATION MILITAIRE PRUSSIENNE

L'organisation militaire prussienne fut commencée par Frédérick Guillaume Ier qui en posa les bases[1]. Sous son règne heureux, pendant lequel il sut conserver la paix et administrer avec intelligence la fortune publique, ce monarque coordonna les ressources intérieures, cimenta et centralisa les éléments confus du pays désorganisé sous ses prédécesseurs, et, au milieu des tracas politiques, en face des armements des nations voisines, accumula sans bruit, à l'insu des puissances, les forces immenses qui servirent plus tard entre les mains de son fils Frédérick le Grand à conquérir une place distinguée dans le concert des grands États européens, et à les forcer de compter avec la Prusse, si inférieure alors par le chiffre de sa population et l'aridité de son sol.

Frédérick Guillaume Ier divisa son royaume en districts militaires. Chacun d'eux devait réunir, équiper et entretenir un régiment; il fut décrété en outre qu'en cas de nécessité tous les hommes valides, excepté les nobles, pouvaient être appelés sous les drapeaux.

Ce décret facilita à Frédérick II les moyens de recruter et d'organiser dans les provinces ses armées qui, après avoir été anéanties et reconstituées tant de fois, sauvèrent l'État prussien dans la guerre de Sept ans contre la formidable coalition de la Suède, de l'Autriche, de la France, de la Saxe et de la Russie. Elles soutinrent les plus rudes campagnes, donnant l'exemple des plus grands efforts, et, après seize batailles, terminèrent la guerre par la victoire de Rosbach gagnée sur les Français et les Autrichiens réunis sous les ordres du maréchal de Soubise.

Frédérick II après la paix conserva le même système, en introduisant toutefois certaines réformes. Il maintint une armée permanente de 150,000 hommes[2] ce qui, dans un État de 5,000,000 d'âmes, donne 3 pour 100 de la population, et équivaut pour l'Espagne actuelle à une armée de 480,000 hommes, et pour la France à 1,150,000.

Frédérick Guillaume, suivant en cela les idées

admises dans le nord de l'Europe, soumit les soldats à des exercices qui en faisaient des automates, et les régiments à des manœuvres qui les convertissaient en machines. Il avait un régiment de grenadiers, composé d'hommes de haute taille, recherchés et engagés non seulement dans le royaume mais même dans toute l'Europe. Il avait classé chaque corps d'après la stature des soldats; enfin il avait imposé une précision instantanée dans les manœuvres et introduit dans les règlements des exagérations et des extravagances qui, sous le coup d'une discipline extrêmement sévère, enlevaient aux chefs toute initiative, rendaient difficile la bonne tenue des troupes pendant les marches et leur interdisaient tout effort individuel dans le combat.

Frédérick II, sans altérer cette organisation dans sa forme extérieure, apporta de nombreux perfectionnements au fond dans ce qu'elle avait de défectueux, et posa solidement dans le pays les bases sur lesquelles est assis le système actuel, en dépit de toutes les vicissitudes par lesquelles la Prusse passa sous son règne. L'armée, comme toutes les institutions qu'il a léguées à sa nation, lui a survécu à cause des aptitudes particulières de son esprit qui lui faisaient envisager plutôt l'avenir de la patrie que l'éclat et la grandeur de ses propres triomphes. Et cela est si vrai que, bien qu'accessible aux caresses de la gloire, il leur préféra toujours dans son for intérieur les intérêts positifs du pays, et qu'il eut pour idée fixe de lui assurer la puissance et la prépondérance qu'il avait su acquérir. Des deux mobiles qui mettent en mouvement les passions humaines, la réflexion et l'enthousiasme, Frédérick II dut tout au premier et évita avec soin les fautes que fait commettre le second.

Il est plus difficile pour un homme doué d'un grand génie de s'arrêter à temps que de multiplier les prodiges : c'est là tout le secret de sa grandeur. Absolu comme Napoléon Ier, il différa beaucoup par les moyens, car Frédérick fut despotique par calcul et Napoléon par tempérament. Ces deux incomparables capitaines sont la représentation typique du génie militaire moderne comme Alexandre et César représentent celui de l'antiquité.

Ce que le roi de Prusse comprit mieux que le héros français, c'est la nécessité de modérer son ambition, d'arrêter l'extension d'une puissance trop grande, afin d'arriver sûrement à la sauvegarde de l'ordre politique conquis par les succès.

Guillaume II qui succéda à ce grand capitaine fut certainement indigne d'un tel héritage. Les désordres et les abus de sa cour, son gouvernement imbu de favoritisme ne tardèrent pas à miner profondément toute l'administration et à pervertir l'armée à ce point que la déroute de Valmy fut rendue possible.

Elle ne fit d'ailleurs que précéder Iéna et Auerstaëdt que subit son fils Guillaume III, qui, bien meilleur que son père, quoique privé de l'audace et des ressources qui distinguent un général et un homme d'État, sans manquer pour cela de valeur et d'instruction, contribua autant que cela fut en son pouvoir à la régénération de la Prusse par son austérité, son amour du bien, son économie, son désir de conserver la paix, et enfin son tact à s'entourer d'hommes éminents et honnêtes.

L'excès même de ses malheurs fut la cause de la résurrection de la Prusse comme État militaire important. Deux hommes supérieurs, qui comprirent la force que peuvent donner à une nation des principes libéraux, la tirèrent de l'abîme, lorsque humiliée profondément elle dut accepter de son vainqueur Napoléon la condition de n'avoir que 42,000 hommes sous les armes, et lorsque agonisante sous le poids de contributions énormes, elle vit encore son territoire réduit de moitié. Ces deux hommes furent les sauveurs de leur patrie : Stein [3] abolit les iniquités du régime féodal, émancipa les paysans, établit l'impôt légal proportionnel, augmenta les franchises des villes et donna de l'extension à l'indépendance des administrations locales; Scharnhorst [4] réorganisa l'armée suivant un nouveau système qui permit d'éluder les dures conditions qui pesaient sur le pays.

La simplicité de ce système est grande. En effet son point de départ était la réduction de la durée du service militaire et le passage continuel des nouvelles recrues dans des cadres permanents, de manière qu'avec un effectif de 42,000 hommes imposé par Napoléon comme maximum et un budget réduit en proportion de cet effectif, des réserves considérables se formèrent, exercées au maniement des armes, aux manœuvres, et instruites de tous les devoirs du service. On voit d'ailleurs que ce système n'est qu'une application de celui suivi dans les républiques antiques et consacré par la Révolution française. Tout citoyen doit défendre sa patrie les armes à la main.

La valeur du système de Scharnhorst se dévoila surtout lorsque l'empire de Napoléon commença à menacer ruine.

En 1814, nous voyons dans la Prusse orientale une armée de 120,000 hommes se former en peu de temps, et cette armée est portée en quelques mois, grâce aux réformes de Stein qui avaient développé l'esprit national, au chiffre de 300,000 combattants. Mises en déroute dans le principe, ces troupes, reformées de leurs débris, remportèrent à la fin la victoire.

La guerre terminée, on publia une loi qui donna au système de Scharnhorst une organisation définitive; en 1860 on y apporta certaines modifications.

Suivant l'organisation de 1814, avec un contingent d'environ 40,000 hommes et un service d'une durée de cinq ans, la Prusse avait sous les armes 200,000 hommes de première ligne, 150,000 hommes du premier ban de la landwehr destinés à faire campagne, et 118,000 hommes du second ban réservés pour les garnisons des places fortes et, au besoin, pour combler les vides occasionnés par la guerre. Les forces disponibles s'élevaient donc à 468,000 hommes sur lesquels 350,000 pouvaient faire campagne. En temps de paix 130,000 hommes seulement restaient sous les armes. Ainsi l'armée permanente se trouva être comme une grande école militaire où tous les jeunes gens venaient successivement s'instruire et se préparer à se battre pour leur pays.

La nation qui avait accepté cette organisation militaire dans un moment d'enthousiasme la supporta par la suite avec facilité. D'ailleurs, chaque année la charge imposée devenait plus légère, car la population s'accroissait rapidement, et le contingent appelé restant toujours le même, le nombre des conscrits qui étaient libres du service actif allait toujours en augmentant. En 1816 les 130,000 hommes sous les armes équivalaient pour une population de 10,349,031 habitants à 125 soldats pour 10,000 habitants ; en 1827, pour une population de 17,530,500 âmes, la proportion était de 80 soldats pour 10,000 habitants. Le service militaire pesait donc beaucoup moins sur le pays, et les dépenses du budget de la guerre, bien que plus grandes par suite des améliorations introduites dans toutes les branches de l'armée, étaient moins élevées en proportion de la totalité des recettes du royaume.

Cependant, en 1852, le rétablissement de l'empire français suggéra à la Prusse l'idée de donner plus d'accroissement à ses moyens de défense. Depuis 1815, l'armée n'avait pas combattu, elle avait seulement été mobilisée à diverses reprises : en 1830 à cause de la révolution de juillet, en 1849 par suite du conflit de l'électeur de Hesse, en 1854 pendant la guerre de Crimée, et enfin en 1859 à l'occasion de la guerre d'Italie. On observa alors que la ligne était fort inférieure et que toute concentration de troupes exigeait l'appel de la landwehr. Cette dernière, qui avait montré en 1813 et en 1815, dans des moments critiques, qu'elle valait autant que l'armée active alors qu'elle était poussée par un patriotisme ardent, avait complètement changé : elle pensait que dans ces dernières mobilisations elle n'avait fait qu'abandonner ses intérêts particuliers à la dérive pour des complications européennes qui ne la touchaient que de très loin.

Le gouvernement se décida à des réformes et le général de Roon présenta à la Chambre des députés le 1ᵉʳ février 1860 un projet de loi sur la réorganisation militaire, projet qui fut cause d'un conflit constitutionnel entre le Parlement et le Ministère, et qui, soutenu de part et d'autre avec une égale vigueur, ne se termina qu'à la victoire de Sadowa.

Le roi, en vertu de son titre de chef de l'armée et de gardien des lois de 1814 qui mettaient à sa disposition tous les hommes valides de 20 à 39 ans, prétendait avoir le droit d'organiser les troupes selon qu'il le jugeait convenable, sans avoir à permettre au Parlement autre chose qu'un vote sur les nouveaux crédits exigés par la nouvelle organisation. De son côté la Chambre faisait en conséquence une opposition continuelle, écartant tous les ans du budget tout ce qui avait trait à l'armée. Le roi en appela à la dissolution et à de nouvelles élections ; les électeurs envoyèrent à la Chambre une majorité encore plus hostile aux projets du Gouvernement. Celui-ci alors violant un article de la constitution, poursuit son œuvre et au printemps de 1866, peu de mois avant la guerre de Bohême, les nouvelles réformes se trouvent presque complètement appliquées.

Par ces réformes l'effectif de l'armée active fut considérablement augmenté, de façon que l'armée de campagne mobilisée pour la lutte ne devait se composer exclusivement que d'hommes de la partie active, la landwehr devant être conservée comme réserve. Pour arriver à ce résultat, on modifia la durée du service militaire qui fut de 7 ans dans l'armée active et de 5 ans dans la landwehr, ce qui fait que ce service fut effectivement réduit à 12 ans au lieu de 16 ans ; en même temps on éleva le contingent annuel de 40,000 hommes à 63,000. Cependant il faut ajouter que les hommes qui avaient fait leur temps de service, c'est-à-dire 7 ans dans l'armée active et 5 ans dans la landwehr furent incorporés pendant la guerre contre la France, sous le prétexte qu'ils devaient encore servir comme soldats de la landsturm. Cette mesure, justifiée par la nécessité, peut être considérée comme abusive en la forme. Pour lui donner un caractère légal on eut recours à une formation complètement séparée : les hommes qui avaient plus de 12 ans de service furent distribués en des corps auxquels on donna cette dénomination de landsturm.

Les calculs de l'état-major prussien, qui paraissaient si exagérés en 1866, se sont trouvés parfaitement exacts en 1870. En effet, il a fallu à l'Allemagne des forces considérables pour occuper un territoire très étendu en France, maintenir en même temps quantité de positions formidables, faire face à une lutte très longue et combler les vides que faisaient des combats meurtriers ; toutes causes qui ont produit des effets que l'imagination ne pouvait concevoir. La loi qui impose à tous les Allemands le service obligatoire a une telle ampleur et une telle élasticité dans son application que, sans y apporter la moindre transgression, on peut mettre sous les armes non seulement 1,200,000 hommes, mais bien 2,000,000 environ, instruits dans les manœuvres militaires. Les deux tiers de ces troupes, bien qu'ordinaires, sont pour la lutte en rase campagne comparables aux meilleures troupes européennes, et, de plus, elles ont l'inappréciable avantage d'être composées de vétérans animés d'un esprit de subordination et de discipline qu'il est impossible de demander à des armées improvisées avec des éléments d'aventure, des volontaires de formation hétérogène.

CHAPITRE II

DISPOSITIONS DE LA LOI PRUSSIENNE

La loi prussienne qui est en vigueur dans toute l'Allemagne du Nord vise principalement deux points : instruire dans le métier des armes et avoir sous la main en cas de guerre le plus grand nombre d'hommes possible et, en temps de paix, donner la plus large satisfaction aux intérêts privés, en conciliant à la fois le service militaire obligatoire pour tous avec les exigences imposées par une prudente économie des bases d'un État, et une sollicitude bien entendue pour l'industrie, l'agriculture et les professions civiles.

Tous les Allemands du Nord doivent le service obligatoire dans les armées de terre ou de mer sans pouvoir s'y soustraire par le remplacement ou la substitution. La loi n'admet d'exception qu'en faveur des familles régnantes ou des familles médiatisées. Les hommes inaptes au service militaire actif, mais pouvant remplir un emploi ne demandant que des qualités passives, sont également portés sur les contrôles de l'armée. L'obligation du service commence le 1ᵉʳ janvier de l'année dans laquelle l'homme atteint ses vingt ans, mais le service effectif ne commence que lorsque le soldat arrive au corps qui lui a été désigné. Ce service dure douze ans : soit, comme nous l'avons déjà dit, sept ans dans l'armée active et cinq dans la landwehr. Le temps du service actif n'est cependant pas entièrement passé sous les drapeaux, car l'homme ne reste au corps que pendant trois ans et en passe quatre dans ses foyers comme soldat dans la réserve active[2]. Durant le temps qu'il est maintenu dans ses foyers, qu'il fasse partie de la réserve active ou de la landwehr, il doit à deux reprises assister aux exercices annuels qui durent quinze jours. Les jeunes gens qui se présentent comme volontaires avant l'accomplissement de leur vingtième année, s'équipent et s'entretiennent à leurs frais, passent dans la réserve après un an seulement de service au corps et sont admis ensuite, s'ils le désirent, à passer des examens qui leur donnent le titre d'aspirants officiers[3].

Tous les régiments envoient chaque année un état sur les recrues dont ils ont besoin aux commandants généraux des corps d'armée. Cet état doit mentionner les vides qui peuvent résulter dans l'effectif de chaque régiment par suite du passage dans la landwehr des hommes qui ont accompli leurs sept années de service actif, et du passage dans la réserve de ceux qui ont fait leurs trois années d'activité ; il mentionne aussi les décès, et enfin tous les manquements quelconques qui peuvent se produire dans l'effectif des troupes. Le commandant général communique une copie de cet état au président supérieur de la province et une autre au ministre de la guerre; le président de la province, de son côté, donne communication de l'état au ministre de l'intérieur. Ce dernier fait la répartition entre toutes les provinces du contingent nécessaire à la totalité de l'armée et en donne en même temps connaissance aux ministères de la guerre et de la marine ainsi qu'aux présidents supérieurs des provinces. Ceux-ci répartissent les contingents de chaque corps entre les districts de brigade, d'un commun accord avec les commandants généraux. Les autorités civiles des districts de bataillon procèdent de la même manière vis-à-vis des districts de compagnie, et c'est dans ces derniers que s'effectue le tirage au sort qui fixe définitivement l'ordre dans lequel les conscrits reconnus aptes au service, et d'âge légal, doivent être appelés dans la localité.

Les régiments d'infanterie reçoivent les recrues originaires du district qui correspond à leur numéro, et lorsqu'à la suite de leurs sept années de service les hommes passent dans la landwehr, on les distribue autant que possible dans des bataillons et des compagnies dont les dépôts sont à proximité de leur domicile. Cette règle n'est pas applicable aux chasseurs qui se recrutent de préférence parmi les forestiers, ni aux fusiliers qui sont recherchés dans des conditions spéciales. Toutefois les uns et les autres doivent être du district de leur corps d'armée.

Dans chaque district de brigade siège une commission départementale de recrutement, composée du commandant de la brigade et d'un conseiller provincial auxquels s'adjoignent pendant la période du recrutement un chef d'escadrons de la garde royale (major ou capitaine) et un médecin en chef. Dans chaque cercle administratif il y a une autre commission dont font partie le commandant de la landwehr qui correspond au cercle territorial militaire, et un conseiller de cercle. Ils ont comme auxiliaires, pendant la période des opérations de recrutement, un officier supérieur d'infanterie, un officier de cavalerie, deux propriétaires urbains, deux propriétaires ruraux et un médecin.

Le 1er janvier les chefs de paroisse remettent aux autorités civiles de la Commune un état de tous les jeunes gens qui ont accompli ou vont accomplir dix-sept ans jusqu'au 15 mars de la même année. Cet état comprend également les décès des douze derniers mois et les changements de domicile ; avec cet état et celui que tiennent les municipalités, on dresse après confrontation un troisième état sur lequel sont portés par ordre alphabétique tous les jeunes gens qui doivent faire partie de l'armée comme ayant vingt ans accomplis, ou qui, ayant plus que cet âge, ne font point partie de l'armée pour une cause ou pour une autre. Le commandant de la landwehr compare les états fournis par les municipalités avec celui qu'il doit tenir lui-même et le notifie aux autres commandants ou reçoit d'eux, suivant le cas, les avis de changements de domicile. Le changement de domicile est régi par un règlement spécial. Enfin le commandant forme la liste définitive qui sert pour le recrutement et les municipalités font également la même opération, dressant ainsi des listes doubles qui sont comparées avec la liste définitive.

Les districts de tirage au sort sont généralement peu considérables et correspondent à un nombre réduit de municipalités et à un territoire d'une compagnie de landwehr. Les jours de l'appel des recrues, l'heure précise du commencement des opérations devant la commission est annoncée ainsi que l'itinéraire que doivent suivre les conscrits pour se rendre de leur résidence au chef-lieu. Après avoir entendu les officiers et le médecin, la commission décide si le conscrit est apte à être immédiatement incorporé, s'il doit être ajourné à un an pour achever son développement corporel, s'il est complètement impropre au service, ou si enfin il se trouve compris dans une des catégories d'exemption prévues par la loi. Les jeunes gens déclarés propres à servir sont classés par la commission selon leurs aptitudes : 1° dans la garde royale ; 2° dans les cuirassiers ; 3° dans les uhlans, ou lanciers, les hussards et les dragons ; 4° dans l'artillerie ; 5° dans le génie ; 6° dans l'infanterie ; 7° dans les chasseurs ; 8° dans la marine ; 9° dans le train ; et 10° dans les infirmiers. Cette classification ne se fait pas seulement d'après la taille des hommes, mais aussi d'après leur force corporelle, leur bonne mine, leur profession et leurs connaissances spéciales.

Bien que la loi n'admette pas d'exemption absolue et définitive, la commission peut accorder un sursis d'un an dans les cinq cas suivants : 1° si l'appelé est le soutien d'une famille qui tomberait dans la misère sans son appui ; 2° s'il est fils unique d'une veuve incapable de subvenir à ses besoins et sans autres proches à même de la faire vivre ; 3° s'il est propriétaire de biens fonds venus par héritage qu'il soit impossible de cultiver ou de faire administrer par un autre à cause de leur petitesse ou de tout autre motif ; 4° s'il est fabricant ou à la tête d'une usine occupant nombre d'ouvriers ; 5° s'il est fils d'un propriétaire ou d'un fabricant incapable de travailler ou d'administrer ses biens, et dans l'impossibilité de se faire suppléer. Ces cas d'exception ne sont valables que si, examinés devant la commission dans un débat contradictoire, il est prouvé qu'il n'y a ni marché, ni substitution, ni fraude d'aucune sorte. Lorsque le cas est enfin admis en considération de motifs légitimes, le conscrit est renvoyé à l'année suivante et le sursis peut être renouvelé encore s'il est démontré que les motifs qui l'ont produit subsistent toujours. Toutefois, pour profiter des exemptions accordées dans les troisième et cinquième cas, il faut des raisons particulièrement graves et sérieuses, et si un conscrit se trouvant dans l'un des deux cas précités demande un troisième ajournement, il en est référé alors à la commission départementale.

En dehors de ces cinq cas, il y en a quatre autres dont peuvent profiter : 1° les apprentis d'un art ou les employés dans une charge, si une interruption dans leurs travaux peut leur porter grand préjudice ; 2° les élèves de l'institut industriel ; 3° les étudiants en médecine et en chirurgie ; 4° les élèves des écoles vétérinaires. Les conscrits de ces quatre catégories sont exemptés de service pendant les trois premières années et dans beaucoup de cas pendant les quatre autres, mais pour les deux dernières ils doivent avoir l'autorisation des autorités supérieures.

Les jeunes gens résidant dans les pays étrangers

peuvent obtenir la dispense de servir pendant les trois premières années ; ceux qui suivent la carrière ecclésiastique ne subissent pas l'examen de la commission et ne tirent pas au sort, à la condition de présenter consécutivement pendant sept ans un certificat d'études. A l'âge de vingt-sept ans, les protestants qui n'ont pas obtenu le grade de licencié et les catholiques qui n'ont pas été ordonnés sous-diacres, rentrent dans le rang.

Lorsque le décret de mobilisation est lancé, tous les cas d'exemption disparaissent et tous les jeunes gens précédemment exemptés doivent comparaître devant la commission de recrutement de leur résidence.

A partir de vingt ans, tous les hommes sont immatriculés et appelés au fur et à mesure des exigences du service en commençant par le n° 1.

Ne tirent pas au sort :

1° Les jeunes gens qui se présentent comme volontaires et renoncent à la solde, en consentant à s'habiller, s'équiper et s'entretenir à leurs frais pendant un an.

2° Ceux qui, sans renoncer aux bénéfices de la solde et de l'équipement, se présentent comme volontaires avant de paraître devant le recrutement, ce qui leur permet de choisir le corps dans lequel ils préfèrent servir pendant trois ans.

3° Les élèves des écoles des forêts ayant obtenu le titre d'apprentis ; ils doivent entrer dans un bataillon de chasseurs pour avoir plus tard la possibilité d'être admis dans cette branche importante des services publics.

4° Les jeunes gens qui ont manqué aux prescriptions de l'enrôlement ou qui s'y sont soustraits. Ils sont considérés comme fugitifs et en cette qualité incorporés les premiers.

Après toutes les opérations de la conscription, on établit un état de tous les hommes disponibles dans l'ordre suivant.

1° Les hommes ayant manqué aux lois sur le recrutement ou ceux qui ont échappé aux inscriptions sur les registres.

2° Les conscrits qui sont restés de l'année précédente sans être immatriculés dans aucun corps.

3° Les hommes qui ont tiré au sort et passé devant les commissions.

Les conscrits qui après cinq appels ne sont incorporés nulle part parce que leur numéro de classement n'a pas été atteint, sont portés sur les registres de la réserve générale du recrutement. Cette réserve se compose de tous les hommes astreints au service militaire qui pour n'importe laquelle des raisons précitées n'ont appartenu à aucun corps; elle n est employée qu'en cas de guerre pour former les troupes de dépôt.

Généralement en temps de paix la commission de

recrutement laisse dans leurs foyers les jeunes gens de vingt et un ans et même ceux âgés de vingt-deux années, préférant ainsi qu'ils rentrent seulement plus tard dans les cadres, une expérience suivie ayant parfaitement démontré que l'homme tout à fait formé, une fois caserné, s'assimile bien mieux au régime militaire.

On n'admet pas immédiatement dans l'armée les conscrits, quelle que soit leur force, s'ils n'ont une taille d'au moins cinq pieds (de Prusse). Ils se présentent à tous appels de révision et lorsque l'on a acquis la certitude qu'ils ne peuvent plus grandir, on les place dans le train ou dans les autres services auxiliaires.

Lorsqu'il se présente devant la commission du district chaque homme reçoit un livret sur lequel sont inscrits son numéro et son signalement; ce document lui sert pour les appels suivants à légitimer sa situation. Il doit être présenté successivement devant tous les nouveaux conseils de recrutement et l'on y inscrit l'acte de la présentation. Le conseil décide d'ajourner de nouveau le conscrit, de l'incorporer ou de le placer dans la réserve générale de recrutement. On tient un état des livrets dans la commission du cercle et on donne communication de ces documents à la commission départementale.

On confond quelquefois le tirage au sort tel qu'il

se pratique en Allemagne avec ce qui a lieu en France et en Espagne, bien que la différence soit très grande comme forme et comme effet. Dans l'enrôlement d'un homme sur cinq qui est le système espagnol, et dans la conscription française, tous les jeunes gens tirent au sort ; ceux que la fortune favorise et qui amènent un numéro élevé sont libérés de tout service militaire et par conséquent ne sont point incorporés, mais tous concourent et les exceptions sont acceptées ensuite. En Allemagne, seuls les hommes valides tirent au sort et tous depuis le premier numéro jusqu'au dernier sont dans l'obligation de porter les armes ; de cette manière l'armée active a toujours un contingent fixe, et chaque année on ne prend que les hommes nécessaires pour le parfaire, les numéros élevés restant disponibles pour les années suivantes ou pour le cas de mobilisation[4].

En outre de la diminution de la durée du service, dont jouissent comme nous l'avons dit en temps de paix les volontaires qui s'entretiennent à leurs frais, beaucoup d'autres causes viennent encore abréger la période passée sous les drapeaux. Les jeunes gens qui se destinent au professorat élémentaire ou supérieur ne sont astreints qu'à passer six semaines dans un régiment d'infanterie et ensuite passent six ans dans la réserve et cinq dans la landwehr. Ceux qui sont désignés comme infirmiers dans les ambulances militaires ne servent que dix-huit mois. Les soldats du train ne sont appelés que pendant six mois et complètent les douze ans dans la réserve et la landwehr, restant d'ailleurs disponibles pour leur service en cas de mobilisation. Les engagés volontaires d'un an ont la possibilité de retarder leur engagement jusqu'à l'âge de vingt-trois ans et les commissions de recrutement ont la faculté de reculer cet engagement jusqu'à leur vingt-huitième année, mais pour cela il faut des motifs légitimes et des preuves évidentes, comme par exemple l'achèvement d'études littéraires, le soin d'intérêts impossibles à confier à un tiers, ou enfin un manque de santé.

Les engagés ont également la faculté de faire leur année comme médecins, pharmaciens ou vétérinaires militaires, mais toujours, outre qu'ils doivent produire leurs certificats d'études indispensables, ils subissent un examen sur les matières de leur profession.

Enfin tous les ans avant de répartir les recrues entre les régiments, on licencie 10 hommes par compagnie choisis parmi ceux qui après deux ans de service sont les plus aptes et les mieux instruits et se sont fait aussi remarquer par leur zèle et leur application. Ainsi, annuellement environ dix mille soldats sont dispensés d'une année de service actif et le chiffre des hommes préparés pour la guerre se trouve augmenté dans la même proportion sans accroître en quoi que ce soit les charges du trésor.

Pour que le lecteur puisse bien comprendre la forme dans laquelle se fait chaque année le recrutement, et les résultats obtenus dans une période de douze ans, nous donnons un tableau des opérations dans le royaume de Prusse en 1862.

D'après le tableau suivant on peut se rendre compte que sur 599,355 jeunes gens, 527,873 furent ajournés pour cause d'exception momentanée, prolongée ou définitive. Les deux premiers genres d'exception peuvent d'ailleurs être restreints ou même cesser d'être suivant les exigences du service actif. En somme la différence 71,483 donne le chiffre des hommes désignés pour le service, et comme en définitive 62,517 individus seulement furent incorporés en 1862, 8966 hommes se trouvèrent immédiatement disponibles pour le contingent de 1863.

La confédération a toujours d'ailleurs un nombre considérable de conscrits disponibles d'après le système de recrutement et elle peut lorsqu'elle le juge convenable augmenter d'une manière très large le contingent appelé tous les ans. Et c'est d'ailleurs ce qui a été fait d'une façon constante chaque année. La loi a une élasticité complète et elle place entre les mains du chef suprême de l'armée toute l'autorité nécessaire.

Population du royaume d'après le dernier recensement..................		18 200 710
Individus du sexe masculin............		8 980 341
Jeunes gens de 20 ans..........	227 005	
Jeunes gens soumis à la loi militaire et qui n'ont pas fait partie des appelés.......		
de la classe de 21 ans....	185 225	
— 22	152 889	599 355
— 23	20 189	
— 24	7 345	
— 25	6 702	
Total des ajournés	372 350	
Absents................	36 631	
Changés de leur cercle primitif..	95 033	
Déserteurs.............	37 350	
Volontaires de trois ans......	4 808	
— d'un an.	15 097	
Ajournés ou déclarés libérés comme étudiants en théologie....	1 797	
Pris pour la marine.......	120	
Exclus pour cause d'indignité..	563	
Exclus pour incapacité évidente..	2 688	
Exclus pour incapacité prolongée..	15 458	
Total des diminutions	209 525	
Classés dans la réserve du recrutement comme ayant moins de 5 pieds depuis 3 présentations (3 ans)..	8 847	
Classés comme ayant moins de cinq pieds un pouce et 3 lignes depuis 3 présentations.......	9 824	
Classés pour cause d'incapacité momentanée ou passagère depuis 3 présentations............	49 255	
Classés en considération du soin des intérêts privés depuis 3 présentations...............	4 362	527 872
Disponibles depuis 5 présentations	486	
Total de la réserve du recrutement.	72 774	
Hommes destinés au train sans compter ceux entrés comme conducteurs................	6 464	
Ajournés à l'année suivante comme inadmissibles provisoirement......	222 545	
Ajournés en considération d'intérêts privés.............	15 795	
Condamnés à des peines infamantes.	769	
	239 109	
Différence......		71 485

Depuis la présentation devant la Chambre des députés, en février 1860, du projet de réforme militaire, le gouvernement ne cessa pas d'augmenter chaque année le contingent appelé au service actif, si bien qu'en 1865 il fut de 95,000 hommes. Ce contingent au bout de trois ans produisit 285,000 hommes auxquels il faut encore ajouter 25,000 volontaires.

On a donc en nombres ronds :

	hommes
Armée active..................................	310 000
Les hommes qui ayant servi trois ans passent dans la réserve et forment 4 classes ; à cause de la mortalité on peut évaluer chacune de ces classes à 70 000 hommes soit pour les quatre...	280 000
Les hommes qui ayant fait trois années dans le service actif, quatre dans la réserve, doivent 5 ans dans la landwehr et forment 5 classes ; chaque classe est évaluée, à cause de la mortalité, à 60 000 hommes seulement, soit pour les cinq.......................................	500 000
Total des hommes instruits................	890 000
A ce total il faut encore ajouter les hommes de la réserve du recrutement. Comme terme moyen on peut les évaluer à 75 000 hommes, mais nous réduirons ce chiffre à 50 000, à cause des vides qui peuvent se produire ; dans l'espace de 12 annuités on trouve................	600 000
Total....	1 490 000

Ce nombre de 1,490,000 est celui des hommes que l'on peut mettre sous les armes sans avoir recours à la landsturm.

Sur ce million et demi de soldats, l'Allemagne peut en mettre promptement sur pied, d'après le système militaire actuel, 600,000 prêts à entrer en campagne munis de tout le matériel et des services auxiliaires indispensables, six jours après le décret de mobilisation ; 300,000 hommes également équipés, pourvus et organisés, peuvent être mobilisés dans les dix ou au plus tard dans les quinze jours qui suivent. De plus, pendant cette période de mobilisation, dès les premiers mouvements militaires et les combats du commencement, on peut instruire et organiser encore 600,000 hommes destinés à combler les vides qui peuvent se produire.

Nous devons ici déraciner une erreur dans laquelle les journaux et revues militaires des autres pays sont généralement tombés. Dans l'étude des moyens dont la France et la Prusse pouvaient disposer pour soutenir les hostilités, on n'a pas manqué de prétendre que l'Allemagne jetait dans la balance dès les premiers jours de la lutte toutes les forces vives de la nation, et que si la fortune des armes lui était contraire ou si la guerre se prolongeait outre mesure, elle n'aurait aucun moyen de résister au choc et de repousser l'ennemi. Cette opinion prouve l'erreur dans laquelle étaient les écrivains au sujet du système allemand, car en effet tous les citoyens sans exception ni substitution doivent le service militaire ; donc, en outre des troupes qui apparaissent sur les cadres généraux de l'armée, reste la réserve de recrutement composée de tous les jeunes gens qui viennent en excédant chaque année, et ces excédants au bout de 12 annuités composent un nombre d'hommes considérable. Cette réserve peut fournir au remplacement des vides produits par les blessures et les maladies et en même temps former des corps nouveaux. Et ne comprend-on pas non plus la possibilité de recourir aux plus jeunes vétérans de la landsturm, alors que ces hommes ne diffèrent de ceux de la landwehr que par leur passage sous les drapeaux qui a eu lieu deux, trois ou quatre années avant ?

La réserve de recrutement est d'un secours considérable dans les moments de mobilisation. Depuis le mois de novembre jusqu'à la fin de décembre 1870 on a vu des bataillons composés d'étudiants des universités, d'ingénieurs, de directeurs d'établissements industriels, d'employés supérieurs de maisons de commerce, enfin de la jeunesse la plus brillante de Berlin [5].

Les journaux ont même raconté une anecdote sur le roi Jean de Saxe qui est fort populaire en Allemagne, à cause de ses qualités personnelles et de ses profondes connaissances, et qui pendant la guerre de 1870 s'entretenait en latin et en grec avec de simples soldats.

CHAPITRE III

ARMÉE FÉDÉRALE.

La Confédération de l'Allemagne du Nord comprend : le royaume de Prusse avec le duché de Lauembourg, le royaume de Saxe, les grands duchés de Mecklembourg Strelitz, de Mecklembourg Schwerin, de Saxe-Weimar et de Oldembourg, les duchés de Brunswick, de Saxe-Meiningen, Saxe-Altembourg, Saxe-Cobourg-Gotha et Anhalt, les principautés de Schwarzbourg Rudolstadt, Schwazbourg Sodershausen, Waldeck, Reuss Greiz, Reuss Schleiz, Schaumbourg Lippe et Lippe, les villes libres ou républiques Hambourg, Brême et Lubeck, enfin la partie du grand duché de Hesse qui se trouve au nord du Mein[1].

La constitution politique de l'Allemagne du Nord déclare le roi de Prusse chef suprême de l'armée et son organisation est établie sur les bases suivantes.

Toutes les forces terrestres de la confédération constituent une seule armée sous le commandement de Sa Majesté le roi de Prusse en sa qualité de chef suprême fédéral en temps de guerre et en temps de paix.

Les régiments recevront un numéro suivant l'ordre de toute l'armée fédérale; les couleurs et les uniformes en usage dans l'armée prussienne serviront de modèle pour toute l'armée fédérale. Les chefs d'État détermineront, chacun respectivement à son contingent, les décorations, les cocardes, les chiffres et les armoiries[2].

Le chef suprême a le devoir et le bon plaisir de veiller à ce que tous les corps de l'armée fédérale soient complets et instruits, que l'unité soit absolue et se conserve dans l'organisation, la formation, l'armement, les commandements, les manœuvres, et surtout dans l'instruction des officiers. En outre, le chef suprême a la faculté de s'informer quand il le juge convenable de l'état des contingents, de faire des tournées d'inspection ou de les faire faire, et de prendre toutes les mesures pour remédier aux défectuosités qui peuvent se produire.

Le chef suprême fixe les forces permanentes, l'ordre et la distribution des contingents et l'organisation de la landwehr; il détermine les garnisons dans chaque place du territoire fédéral, et il a aussi le droit de faire mettre sur le pied de guerre telle portion qu'il lui plaît de l'armée de la confédération.

Pour maintenir une unité indispensable dans l'administration, l'armement et l'équipement de tous les corps de l'armée fédérale, le ministre de la guerre au moyen de la commission du conseil fédéral communique aux commandants de contingents les dispositions à prendre.

Toutes les troupes fédérales sont tenues à l'obéissance absolue aux ordres du chef suprême; cette obligation fait partie du serment au drapeau.

Les commandants en chef de contingents, tous les officiers généraux qui ont sous leurs ordres plus d'un contingent, et les gouverneurs de places fortes sont nommés par le chef suprême; ils prêtent tous le serment au drapeau. Dans le cas spécial où des généraux ou des officiers quelconques remplaceraient provisoirement les commandants nommés, leur nomination est toujours soumise à l'approbation du chef suprême.

A ce dernier revient aussi le droit d'ordonner la construction de forteresses sur le territoire fédéral.

La loi porte que par une convention spéciale, les souverains fédéraux et respectivement les sénats des villes libres nommeront les officiers de leur contingent sous réserve de la restriction indiquée plus haut, seront chefs de toutes les troupes appartenant à leur territoire, et jouiront de tous les honneurs attachés à ces fonctions. Ils auront le droit d'inspecter ces troupes en tout temps, ils devront être consultés sur les réformes à introduire et sur les défectuosités qui pourront survenir, enfin ils recevront par avance avis des mouvements qui pourront être ordonnés.

Lorsque la sécurité publique sera troublée sur le territoire fédéral, le chef suprême pourra décréter l'état de siège dans quelque partie de ce territoire qu'il lui conviendra.

Ces bases générales de l'organisation militaire ont encore été élargies par des conventions intervenues entre la Prusse et les États, excepté le royaume de Saxe et le duché de Brunswick. En vertu de ces stipulations les contingents respectifs versés dans l'armée prussienne restent fondus avec elle, et par suite le roi de Prusse a le droit de faire avancer en grade, transférer ou licencier tous les officiers.

Les troupes du royaume de Saxe forment un corps d'armée indépendant dans le régime intérieur duquel le chef suprême n'a pas à s'immiscer. Le duc de Brunswick n'a pas renoncé non plus au droit de nommer les officiers de ses troupes; bien plus, les soldats de ces deux États ont conservé leurs anciens uniformes.

La partie du grand duché de Hesse située au nord du Mein appartient seule à la confédération; afin cependant de maintenir l'unité des règlements militaires, le gouvernement a accédé à incorporer dans l'armée fédérale la division formée par son contingent, acceptant les dispositions de cette organisation quant à l'instruction et au remplacement. Le roi de Prusse doit pourvoir à la garnison de Mayence et nommer les autorités militaires de cette place, bien qu'elle ne soit pas située au nord du Mein.

Dans les contingents des États et dans l'armée prussienne, y compris ceux qui sont fondus en elle, les régiments, les bataillons, les escadrons, les sections d'artillerie et les batteries portent une dénomination spéciale à la province à laquelle appartiennent ces fractions de troupes, d'après le recrutement et le domicile fixe des hommes en temps de paix ; cette dénomination vient en plus du numéro que portent tous les corps de l'armée prussienne. Par exemple le régiment d'infanterie de Poméranie a le numéro 41, celui des cuirassiers de Westphalie le N° 6, et celui d'artillerie du Brandebourg le N° 2 ; ces dénominations ne sont jamais arbitraires comme dans d'autres pays. Les hommes des contingents des États trop petits pour fournir un corps complet sont versés directement dans l'armée prussienne.

La garde royale prussienne a pour garnison fixe Berlin et Potsdam, elle recrute ses hommes dans toutes les provinces parmi les plus robustes, ayant la plus belle prestance et la taille la plus élevée ; les autres corps sont limités à leurs districts respectifs et choisissent dans leur sein l'artillerie, le génie et la cavalerie. La taille minima pour l'artillerie de place est de 5 ieds 4 pouces ; pour l'artillerie à pied 5 pieds 5 pouces et l'on prend les conscrits les plus forts ; pour l'artillerie à cheval la taille est également de 5 pieds 5 pouces, mais elle ne peut dépasser 5 pieds 7 pouces.

La taille maxima pour la cavalerie est de 5 pieds 6 pouces et la minima 5 pieds 2 pouces ; on admet aussi les hommes n'ayant que 5 pieds 1 pouce pourvu qu'ils soient d'une complexion robuste. Les hommes obèses ou qui paraissent disposés à le devenir ne sont jamais admis dans la cavalerie, quelle que soit leur taille.

Pour le génie il n'y a pas de taille déterminée, on choisit de préférence les hommes qui exercent le métier de charpentier, de maçon, et autres états correspondant aux travaux des sapeurs et des mineurs.

Tous les hommes de la confédération de l'Allemagne du Nord sont obligés de remplir les devoirs du service militaire sans substitution d'aucune sorte. L'armée se divise en armée permanente, en landwehr et en landsturm. On voit d'ailleurs que c'est absolument la même organisation que pour l'armée particulière prussienne, ce sont les mêmes lois et les mêmes obligations.

L'obligation de servir dans l'armée permanente commence à l'âge de vingt ans, mais l'on admet les engagements volontaires depuis l'âge de seize ans. La durée du service est de sept ans, mais sur cette durée les hommes n'en passent que trois sous les drapeaux ; les volontaires qui s'équipent à leurs frais ne font pas plus de 6 à 12 mois au corps suivant leur degré d'instruction, enfin les soldats du train ne servent que 6 mois. Pendant le temps qui reste à s'écouler pour atteindre les sept années de service obligatoire, les hommes continuent à être inscrits à leurs corps, conservent leurs uniformes et leur équipement, et restent dans leurs foyers prêts à se rendre au premier appel en cas de mobilisation sur le pied de guerre.

Ensuite ils passent dans la landwehr et y demeurent cinq ans. Les classes les plus jeunes de la landwehr, c'est-à-dire les hommes de vingt-sept, vingt-huit et vingt-neuf ans, peuvent être employées à compléter les cadres de l'armée permanente lorsque la réserve ne peut y suffire ; pendant l'état de guerre il n'est pas possible d'entrer dans la landwehr ni d'en sortir. En guerre l'armée permanente est destinée à former la première ligne et c'est elle en même temps qui est l'école où toute la nation vient apprendre le métier des armes.

La landwehr comprend des troupes spéciales de cavalerie et d'artillerie qui, en temps de guerre, viennent renforcer l'armée active. Appelée sous les drapeaux, elle sert dans le principe à fournir des garnisons aux places fortes et aux villes, mais dans la suite elle peut être mobilisée pour tenir campagne si les circonstances le réclament. Dans ce cas on forme des divisions de la landwehr comme on l'a fait pour la campagne de 1866 et pour celle de 1870-1871 ; dans cette dernière guerre tous les régiments de la landwehr étaient entrés en campagne jusqu'au dernier au 31 janvier 1871.

La campagne de 1866 a été si rapidement terminée que les corps de la landwehr qui ont donné ont été peu nombreux, mais pendant la campagne contre la France ils ont pu donner des preuves d'aptitudes militaires, particulièrement devant Strasbourg, Metz, Verdun, Neuf-Brisach et Paris. Cependant il faut remarquer que l'état-major prussien a surtout employé ces troupes pour faire les sièges des places fortes, évitant de les utiliser en rase campagne.

La landsturm est le produit de la levée générale de tous les hommes aptes au service militaire depuis l'âge de dix-sept ans jusqu'à quarante-deux, qui ne font partie ni de la landwehr ni de l'armée permanente. Cette réserve n'est pas organisée pendant la paix, et, en temps de guerre, c'est le dernier effort de l'Allemagne. Depuis 1871 on a réalisé certains progrès dans l'organisation de cette armée de troisième ligne.

L'autorité centrale supérieure pour l'organisation

et l'administration de l'armée est le ministère de la guerre. C'est lui qui est l'organe exécutif pour toutes les dispositions qu'il plaît au roi de Prusse de prendre comme chef suprême; le royaume de Saxe et le grand duché de Hesse, seuls des États fédéraux, ont conservé leur ministère de la guerre.

Le ministère de la guerre est divisé en deux sections: le département général de la guerre et le département économique. Diverses directions correspondent aux besoins des armes spéciales comme l'artillerie, la cavalerie, le génie, etc. A la tête de ces différentes directions sont placés des généraux et des lieutenants-généraux qui, dans de certaines limites, remplissent leurs fonctions avec une latitude d'initiative assez grande. Une de ces directions est affectée aux affaires personnelles dont s'occupe directement le roi ; une autre a pour mission de transmettre aux départements les décisions prises, et sous le nom de direction centrale, est aux ordres immédiats du ministre.

Le département général de la guerre dirige l'organisation de l'armée, dispose les conditions générales du service, s'occupe du recrutement, de la mobilisation, des manœuvres et des exercices, veille sur les tribunaux militaires, l'instruction, les examens, les affaires ecclésiastiques militaires, catholiques et protestantes, l'état sanitaire, la fabrication et la conservation du matériel de guerre, les fabriques et les ateliers, la gendarmerie, etc., etc. Le département économique comprend les divers services de la trésorerie, la caisse des veuves de militaires, les invalides, les pensions, la partie financière de l'administration des hôpitaux, la remonte, la solde, la manutention, l'habillement, les approvisionnements de vivres et de fourrages, l'administration des forteresses, etc., etc.

Dans chaque division de l'armée en temps de paix est un intendant; et, en temps de guerre les intendants faisant fonction de magistrats provinciaux, interviennent dans les affaires ayant trait à l'intendance militaire dans toute l'étendue du district sous leur commandement. Un officier sous leurs ordres passe ce qu'on pourrait appeler une revue d'intendance, ayant pour devoir d'examiner la quantité et la qualité des objets d'équipement des troupes, les armes, les vêtements, le matériel, les voitures, les harnais, etc., etc.; cet agent subalterne s'occupe également de la comptabilité, fait l'inspection des caisses et toutes les recherches nécessaires.

L'organisation de l'armée prussienne, et, par suite, de l'armée fédérale, est arrivée à un tel degré de perfection qu'elle ressemble à une machine par la régularité de son fonctionnement; en 1866 et surtout en 1870, l'Allemagne a passé du pied de paix sur le pied de guerre avec une rapidité très remarquable. En peu de jours, dans un ordre parfait, sans confusion d'aucune sorte, la force armée de la confédération avec tous ses corps fut réunie, les hommes venant des lieux les plus éloignés se présentant munis de tout le nécessaire. L'armée était préparée pour la lutte : pendant ce temps on veillait à la défense des côtes de la mer du Nord, et les réserves se disposaient à entrer en campagne [3].

Cette rapide concentration des forces allemandes est facilement faite en peu de jours à cause de la manière dont les corps sont formés en temps de paix ; en effet ils sont pourvus de toutes les armes et de tout le matériel nécessaires, et tous les hommes et les officiers, qu'ils soient dans leurs foyers ou sous les drapeaux, sont dans le district du régiment. Comme à chaque localité importante est assigné un régiment actif et un régiment de landwehr portant le même nom et le même numéro, les chefs ont tous leurs hommes dans la main et la mobilisation peut se faire avec une grande rapidité [4].

La réunion d'une division de l'infanterie de la landwehr demande environ six jours depuis l'ordre de mobilisation lancé jusqu'à la réunion des hommes. L'escouade se réunit dans les hameaux et la compagnie dans les villages d'une certaine importance, le bataillon s'assemble au chef-lieu, le régiment dans la capitale de la province, et enfin la division dans la capitale du district.

Pour les régiments de cavalerie de la landwehr il faut un peu plus de temps, car les hommes et les chevaux sont plus disséminés ; il faut environ quinze jours.

Toutes les fractions de l'armée, depuis le régiment jusqu'à l'individu isolé, ont des indications précises sur la route à prendre pour se rendre au point de réunion; à cet effet l'état-major a délivré des cartes que tous les officiers, sous-officiers et caporaux doivent posséder. Enfin, à l'entrée de chaque village, une inscription indique à quel régiment, bataillon et compagnie appartiennent les habitants.

Les grandes inventions modernes, le télégraphe et les chemins de fer, viennent aujourd'hui aider les opérations militaires comme moyens de renseignement et de transport rapides, donnant ainsi une facilité et une promptitude inconnues jusqu'à nos jours.

Les chemins de fer rendent la concentration des troupes possible presqu'en aussi peu de jours qu'il fallait de mois autrefois. Prenons pour exemple la mobilisation du premier corps Nord-Allemand muni de son artillerie, de sa cavalerie, de tous ses services d'intendance et de santé, et allant de la frontière russe, son lieu de concentration, à la frontière française.

Dans un cas semblable la stratégie ne doit-elle pas beaucoup à la vapeur ?

Cependant les voies ferrées peuvent être facilement mises hors de service par les entreprises de l'ennemi et elles sont intenables sous le feu des places fortes.

Le ministère de la guerre a essayé en Prusse de parer à ces inconvénients en réparant les tronçons de chemins de fer inutilisés, en créant de nouvelles lignes.

On a créé huit sections des télégraphes et des chemins de fer organisées militairement et commandées par des officiers. Le ministère des travaux publics et la direction générale des télégraphes fournissent le personnel nécessaire, et de plus chaque section possède des ouvriers des divers services des chemins de fer et s'adjoint encore des soldats du génie préparés de longue main à ces travaux spéciaux. En temps de paix il ne reste à ces sections presque que les cadres, qui ont pour seule occupation dans chaque corps d'armée d'instruire les recrues et d'initier les fonctionnaires civils à leurs fonctions nouvelles. Lorsqu'il arrive qu'un homme change de domicile territorial, il est immédiatement remplacé pour qu'aucun vide ne puisse se produire au moment de la mobilisation.

Pendant la campagne de 1866, ces sections rendirent de grands services à l'armée prussienne, mais ils ne sont pas comparables aux avantages que les

Prussiens en ont retirés pendant la guerre contre la France. Non seulement elles servirent à maintenir les communications toujours ouvertes entre l'état-major général de Versailles, les départements occupés et l'Allemagne, mais encore, pendant le siège de Metz, elles établirent entre Remilly et Pont-à-Mousson un railway de quarante et quelques kilomètres en quarante-deux jours, surmontant dans ce court espace de temps tous les obstacles de la nature.

D'ailleurs, en temps de paix, les troupes s'exercent à monter en wagons, à embarquer les chevaux, les canons, les voitures, caissons et tout le matériel ; ces exercices occupent une grande place dans leur instruction. Les wagons de marchandises sur toutes les lignes allemandes portent une inscription en grands caractères indiquant le nombre d'hommes ou de chevaux qu'ils peuvent contenir, et toutes les grandes stations ont des quais destinés à l'embarquement des troupes.

CHAPITRE V

COLLÉGES ET ÉCOLES MILITAIRES.

Les établissements d'instruction de l'armée de la confédération de l'Allemagne du Nord sont dirigés par une inspection générale, et par une commission des études nommée conseil consultatif; ils consistent en écoles d'équitation, de gymnase, d'escrime, de tir pour l'infanterie et l'artillerie, collèges de cadets, école d'artillerie et de génie, écoles de guerre et académie de guerre.

Il y a en Prusse six collèges de cadets établis à Potsdam, Culm, Wahlstatt, Bemberg, Plon et Oranien où reçoivent une instruction préparatoire environ 900 élèves de l'âge de onze à treize ans pendant deux ou trois ans. Selon leur travail et leur application ces jeunes gens passent ensuite à l'école des cadets de Berlin qui compte environ 500 élèves de quatorze à seize ans. De là les élèves entrent dans l'armée au fur et à mesure des vacances qui se produisent et d'après les notes obtenues. Ceux qui ont les meilleures notes sortent comme seconds lieutenants, ceux qui viennent ensuite comme porte-enseignes, et enfin les derniers dans les concours sont simples soldats avec la possibilité dans la suite de passer officiers; mais les jeunes gens de ces trois catégories ne sont tenus à aucun examen préalable d'entrée. Cette faveur accordée aux élèves sortant de l'école soulève une telle opposition dans les régiments que très probablement cette disposition sera abolie et que les cadets passeront des examens comme les jeunes gens qui se préparent chez eux.

Les cadets et les aspirants officiers portent le même uniforme, les mêmes armes et ont le même service que les simples soldats; ils ont pour tout signe distinctif, ainsi que les volontaires, un petit cordon blanc et noir autour de l'épaulette; toutefois ils sont exempts des corvées de quartier et on les choisit de préférence pour les grades de sergents et de caporaux. Ce système a l'avantage de les façonner au commandement et il arrive que certains de ces jeunes hommes ont une instruction aussi forte que celle des officiers. C'est aussi une grande économie pour le budget de la guerre, et enfin on peut ajouter que, en temps de paix et en temps de guerre, avec un effectif d'officiers moindre que celui d'autres armées européennes, le service est toujours assuré. Les garnisons qui ne comportent que trente ou quarante hommes sont généralement en Allemagne commandées par des sergents, il en est de même pour les patrouilles, les piquets, les reconnaissances, les avant-gardes et les grand-gardes qui n'ont pas plus que ce nombre d'hommes ; le contraire se produit dans d'autres armées, où les postes de cette petite importance sont souvent confiés à des officiers.

Une chose qui a certainement contribué au succès des armes allemandes, c'est la façon remarquable dont est organisé le service de reconnaissances fait par la cavalerie. Les cavaliers entourent l'armée, de même que l'atmosphère entoure la terre et lui donnent une grande sécurité, car ils conservent toujours la vue de l'ennemi et étudient ses mouvements ; ils parcourent des zones très étendues épiant tout sur leur parcours et sont souvent commandés et conduits, pas même par des brigadiers, mais par des cadets aspirants officiers ou des volontaires qui sont de simples soldats.

L'instruction militaire donnée dans les collèges de cadets est très étendue. En dehors de la tactique des différentes armes, de la fortification, des dispositions de l'attaque et de la défense, du dessin linéaire, de l'histoire militaire, de l'escrime, de l'équitation, du tir, des manœuvres de compagnie, de bataillon et d'escadron, des exercices des feux, on fait suivre aussi les mêmes cours que dans les écoles royales de la Prusse. Les élèves étudient encore les sciences positives, comme les éléments des mathématiques, de la physique, de la chimie, de la mécanique et de l'hydrautique ; ils apprennent également la géographie, le français et les premières notions du latin.

La Saxe possède un collège de cadets. Tous les autres États fédéraux ont le droit d'envoyer un certain nombre d'élèves dans les collèges prussiens.

Chacun des six collèges provinciaux est régi par un gouverneur du rang de colonel, lieutenant-colonel ou major, deux chefs de compagnie du grade de capitaine et, dans quelques endroits, de lieutenant : ces officiers sont destinés à l'instruction purement militaire des élèves. De plus, il y a deux professeurs pour les sciences du rang de capitaine ou lieutenant, et quatre maîtres subalternes instructeurs militaires lieutenants ou seconds lieutenants ; dans le corps des cadets de Berlin, le nombre des professeurs et des maîtres est doublé.

Les collèges de cadets fournissent à l'infanterie et à la cavalerie le tiers de leurs officiers et c'est de ces institutions que sont sortis beaucoup de généraux éminents. Cependant quelques écrivains compétents dans la matière proposent leur suppression en alléguant que c'est dans leur sein que se développe l'esprit d'exclusivisme militaire ; ils ont peut-être grandement raison, mais n'est-ce pas aussi cet esprit qui fait la force de l'armée allemande?.

Tous les fils des Allemands du Nord peuvent entrer dans ces collèges, mais la règle générale admise est que les enfants de famille militaire peuvent seuls en faire partie. Les élèves sont divisés en deux catégories, les boursiers royaux et les pensionnaires ; les premiers paient une annuité fort minime et les seconds 250 thalers par an soit 875 francs. Pour être admis dans la première catégorie il faut : être fils d'officier de l'armée active, de la marine ou de la landwehr, mort sur le champ de bataille, ou blessé ou retraité sans autres moyens d'existence que la solde, ou bien que le père ne profite pas de la retraite bien qu'ayant fait une campagne ; être fils d'un sergent de l'armée active ou de la landwehr mort, blessé, infirme, ou ayant vingt-huit ans de services effectifs ; ou bien être fils d'employé civil s'étant distingué au péril de la vie par un acte de courage. Quant aux fils de militaires dans les conditions ordinaires il faut qu'ils soient nés pendant la période d'activité de leur père.

Les écoles de guerre sont au nombre de six et sont situées à Potsdam, Erfurt, Neisse, Engers, Cassel et Hanovre ; chacune d'elles a un directeur du grade de lieutenant-colonel ou major, huit professeurs de première classe presque tous capitaines, quatre de deuxième qui sont lieutenants, et enfin un second lieutenant qui remplit les fonctions de bibliothécaire et d'économe.

L'académie de guerre établie à Berlin est dirigée par un lieutenant-général, assisté d'une commission d'études composée de deux autres lieutenants-généraux, un major général et un colonel; le nombre des professeurs est complété par dix professeurs colonels, lieutenants-colonels ou majors, et un auditeur chargé spécialement des cours de justice militaire.

Sont admis à faire leurs études dans les écoles de guerre les jeunes gens qui ont obtenu d'être volontaires et ont été proposés pour devenir officiers, les soldats, caporaux et sergents qui sont l'objet de la même proposition et subissent comme les volontaires un premier examen d'entrée.

Entrent à l'académie de guerre les lieutenants et seconds lieutenants qui se destinent à l'état-major ou qui désirent obtenir un commandement supérieur. Pour être admissible, il faut avoir servi au moins trois ans. Par un système similaire à celui adopté pour l'école polytechnique de France, les premiers numéros sont déclarés aptes à l'état-major, et ceux qui viennent ensuite aptes à un commandement supérieur ou pour servir d'aides de camp aux officiers généraux. Dans l'académie on suit différents cours et le nombre des élèves au 1er janvier 1870 se répartissait de la manière suivante : élèves de 1re année 55; de deuxième 48, de troisième 45 ; tous lieutenants ou seconds lieutenants ; ces chiffres sont à peu près les mêmes pour chaque année.

L'étude qui occupe la première place dans les cours de l'académie est celle de l'histoire militaire, elle se divise en trois cours que suivent successivement les élèves pendant les trois ans qu'ils passent à l'académie. Le premier cours raconte d'une façon brève la campagne d'Alexandre le Grand, les trois guerres puniques, la conquête des Gaules par Jules César et sa lutte avec Pompée et ses partisans, l'établissement de l'empire de Charlemagne, et en somme toutes les opérations militaires survenues en Europe avant le règne de Frédérick le Grand. Le cours de deuxième année comprend les faits qui se sont passés sous le règne de Frédérick le Grand et les suivants, jusqu'à la révolution française ; cette partie de l'histoire est racontée minutieusement surtout en ce qui concerne la Prusse. Enfin le troisième cours s'occupe du siècle actuel et toutes les choses militaires y sont décrites avec des développements très complets, très étendus, et exposés d'une façon lumineuse.

La base des études et des exercices des élèves pendant la troisième période est très sérieuse et propre à leur faire bien comprendre les mouvements des troupes et les dispositions à prendre pour la lutte. Ils doivent faire l'analyse de chaque bataille, de chaque marche ou mouvement, et rechercher les causes qui ont pu produire la victoire.

Les livres servant à ces études qui avant 1860 étaient en petit nombre, ce qui rendait les recherches difficiles, sont maintenant très abondants et donnent aux élèves les moyens de faire les études les plus complètes. En effet, chaque période est représentée par divers ouvrages de différents auteurs et cela, il faut le dire, grâce à la constante sollicitude des généraux de Moltke et de Roon, qui ont favorisé ces publications. Ce dernier ministre de la guerre nous a raconté comment il avait appris l'espagnol pour pouvoir bien connaître l'organisation de notre infanterie et surtout la tactique de nos guerres de guerillas, et aussi pour préparer les matériaux nécessaires afin d'écrire la guerre de l'indépendance de 1808 à 1814 et la guerre de sept ans de 1833 à 1840. Aussi arrive-t-il que chaque officier, même d'un rang subalterne, qui a suivi les cours de l'académie de guerre, connaît dans leurs détails mêmes, les batailles de Baylen, Médellin, Calavera, Arlaban, Mendigoria, Luchana, et sait mieux que beaucoup de chefs espagnols les faits de la Fuerre que l'Espagne soutint pour repousser les grançais hors du sol de la patrie.

Les élèves de l'académie, tout en étudiant l'histoire militaire, sont loin de négliger les autres études ; ils apprennent la tactique, les fortifications, la balistique, la géographie générale, les mathématiques y compris le calcul intégral, la levée des plans, les éléments du code militaire, l'administration, et la langue française. Ils peuvent aussi, à leur convenance, assister à des cours de physique expérimentale, de chimie, de littérature, d'anglais et de russe.

Les ouvrages qui servent aux études de balistique sont choisis et commentés tous les ans par une commission prise dans l'arme de l'artillerie. Toutes les découvertes, les essais et les expériences faits dans les pays étrangers y sont relatés de telle sorte qu'au terme des études, les élèves sont au courant de tous les progrès de la science et en mesure de les appliquer et de les perfectionner.

L'étude approfondie, théorique et pratique de toutes les armes, surtout des armes à feu, celle de la composition des différentes espèces de poudre, des projectiles, et celle des moyens de parer aux effets des gaz qui se dégagent à l'inflammation ou de neutraliser leurs mauvaises conséquences de manière à régler la trajectoire afin de produire les effets les plus désastreux pour l'ennemi, et à assurer la bonne ligne de mire, font partie du premier cours, ainsi que la connaissance des instruments servant à calculer rapidement les distances et les rapports mathématiques existant entre le tir du fusil et celui du canon.

La durée des cours est de neuf mois au siège de l'académie. Les élèves consacrent un mois à des exercices ou à des voyages d'observation militaire pratique qui sont déterminés par l'autorité supérieure; les deux autres mois sont employés à suivre dans un régiment les grandes manœuvres qui sont effectuées tous les ans en Allemagne. Comme disposition générale les élèves sortant de l'infanterie passent cette période dans la cavalerie et réciproquement.

Les exercices pratiques consistent dans la levée du plan d'une région, dans l'indication d'une marche à travers un territoire donné, dans la détermination des ouvrages avancés d'une place forte, dans les défenses à établir à l'embouchure d'un fleuve. De plus les élèves assistent aux manœuvres d'un pays étranger quelconque, indiquent quel degré d'instruction leur semblent avoir atteint les troupes, et décrivent l'équipement, l'armement, la tenue sous les armes, et font aussi d'autres travaux analogues dont l'état-major met ensuite les données à profit.

L'école d'artillerie et de génie établie à Berlin est régie par un gouverneur lieutenant-général, un sous gouverneur du même grade, un major général inspecteur, un colonel directeur et une commission d'études composée de douze officiers supérieurs et quatre professeurs du grade de major ou de capitaine. Les deuxièmes lieutenants de l'artillerie et du génie peuvent entrer à l'école après un service de un à deux ans dans ces armes spéciales. Les conditions d'admission dans l'artillerie et le génie sont d'ailleurs les mêmes que pour l'infanterie et la cavalerie ; mais si dans ces dernières armes on peut parvenir aux grades supérieurs sans être obligé de passer par l'académie de guerre, on ne peut dans les premières dépasser le rang de second lieutenant si on ne rentre point à l'école spéciale.

Les cours de l'école durent trois ans.

Au 1er Janvier 1870 elle comptait 167 élèves artilleurs et 31 ingénieurs.

L'école d'équitation établie à Hanovre est destinée à former des cavaliers agiles et résolus, et aussi à fournir aux régiments des instructeurs intelligents et expérimentés connaissant à fond pratiquement et théoriquement, non seulement l'art de monter et de conduire les chevaux, mais encore celui de les tenir dans le meilleur état de santé et de vigueur en vue des besoins du service.

Les jeunes gens, avant d'être promus aspirants, doivent avoir reçu une instruction suffisante pour aborder le deuxième degré du cours d'équitation. Durant leur séjour à l'école de guerre ils sont excellemment montés et, en dehors des officiers d'infanterie, ont une leçon journalière qui correspond au second cours d'équitation, dans lequel ils apprennent à dompter et dresser les jeunes chevaux.

L'école de Hanovre est divisée en deux sections ; une école d'équitation pour les officiers et une école de cavalerie pour les sergents, brigadiers et soldats.

Le directeur en chef est lieutenant-général, le directeur de l'école d'équitation colonel, et celui de l'école de cavalerie lieutenant-colonel ou major.

Il y a en outre douze officiers capitaines ou lieutenants; un d'entre eux remplit les fonctions de secrétaire, un autre celles de chef de gymnase et d'escrime, deux sont préposés à l'inspection des écuries, et huit sont écuyers ou maîtres d'équitation. Ces officiers sortent des corps de la cavalerie ou de l'artillerie de campagne.

Chaque régiment envoie tous les ans à l'école de cavalerie deux soldats qui ont au moins deux années de service, qui montrent des dispositions suffisantes pour l'équitation et sont susceptibles de faire de bons maréchaux des logis et brigadiers. Ceux qui sont admis doivent s'astreindre à servir pendant quatre ans dans le service actif, ce qui rend certaine leur élévation au grade de maréchal des logis, et ils font un an de moins dans la réserve ; chaque régiment envoie en outre annuellement un brigadier ou un maréchal des logis.

Le petit état-major de l'école se compose de deux

maréchaux des logis employés aux écritures, de quatre maréchaux-ferrants et de trois trompettes.

Le service de l'école d'équitation est fait par un officier payeur [1], un piqueur, un vétérinaire, un brigadier ou sergent maréchal-ferrant, un maréchal des logis en premier et trois en second.

L'école de cavalerie comprend un maréchal des logis en premier, deux en second et un employé payeur subalterne.

L'institut possède 352 chevaux dont 134 destinés aux officiers et 218 aux brigadiers et maréchaux.

Le service des écuries et d'ordonnances auprès des officiers est fait par 236 soldats provenant des régiments de cavalerie et d'artillerie, qui portent pendant tout le temps qu'ils passent à l'école l'uniforme du train sans armes.

Chaque régiment de cavalerie envoie tous les ans un officier à l'école d'équitation ; chaque régiment d'artillerie en envoie un de deux en deux ans.

Des 85 officiers qui suivent annuellement les cours, 24 demeurent une année en plus sur la proposition du directeur.

L'école de tir d'infanterie de Spandau a pour objet de rechercher constamment les moyens de perfectionner autant que possible les armes à feu. Pour cela on y étudie les armements des pays étrangers, les inventions nouvelles, et tout ce qui peut toucher de près ou de loin à ce sujet ; cette institution arrive ainsi à son but qui est de former de bons instructeurs pour les régiments.

La direction se compose d'un lieutenant-colonel ou major directeur, de quatre capitaines, neuf lieutenants qui sont changés au bout de quelque temps de séjour à l'école, un officier payeur, un armurier, quatre sergents en premier, cinq en second, un caporal et un fourrier.

Les élèves au nombre de 732 se répartissent de la manière suivante :

Lieutenants détachés pour six mois à raison de un pour deux régiments d'infanterie et un pour six bataillons de chasseurs. . . 60
Sergents et caporaux admis pour un an ; un pour chaque corps d'armée 17
Sergents ou caporaux admis pour six mois ; un pour chaque régiment. 138
Musiciens pour un an. 2
Musiciens pour six mois. 2
Soldats pour un an, un par régiment 138
Soldats pour six mois, deux par régiment 276
Armuriers pour un an 3
Armuriers pour six moix. 5
Soldats faisant fonction d'ordonnances pour un an. 15
Soldats faisant fonction d'ordonnances pour six mois. 75
Soldats charpentiers pour six mois 3
                                                                                       ───
                                                                                       732

La rentrée a lieu en avril et la sortie en septembre.

Les lieutenants destinés à l'école sont choisis parmi ceux qui sont sur le point de passer capitaines; on veille à ce qu'ils aient une bonne vue, une instruction militaire complète, et une habileté marquée dans l'exercice de la carabine.

En ce qui concerne les soldats, on prend dans les compagnies ceux qui ont la meilleure vue et sont d'une constitution robuste; on choisit les hommes ayant peu de temps de service afin qu'ils puissent rester au moins un an dans les rangs, une fois leur instruction spéciale terminée. Ceux qui ont fait partie de l'école de tir portent comme signe distinctif, quand ils retournent au régiment, un aigle sur le bouton de l'épaulette.

L'école de tir pour l'artillerie est établie à Tegel près de Spandau; elle sert pour les exercices de l'arme et pour la préparation des inspecteurs.

Son état-major est composé d'un directeur lieutenant-colonel ou major; d'un autre officier du même grade; de deux capitaines et d'un lieutenant instructeur, d'un officier payeur, d'un médecin, de quatre artificiers, deux sergents scribes, onze ouvriers, deux infirmiers, un sergent en premier et un en second.

Le nombre des élèves ne peut dépasser 250 et forme deux batteries, une de campagne et une de siège dans la forme suivante :

BATTERIE DE CAMPAGNE :

Capitaine 1
Lieutenant en premier. 1
Lieutenant en second. 1
Sergent en premier 1
Sergents et caporaux. 11
Trompettes 2
Soldats, y compris les conducteurs 105
Chevaux. 66

BATTERIE DE SIÈGE

Capitaine 1
Lieutenants en second 2
Sergent en premier 1
Sergents et caporaux. 17
Soldats, y compris ceux de première classe qui sont employés à la pyrotechnie, et les trompettes 100

Chaque régiment détache à l'école un nombre proportionné d'officiers, maréchaux des logis, brigadiers ou soldats, qui suivent selon les circonstances le cours entier ou seulement la moitié.

Les cours sont divisés en deux périodes; la première va du 1er octobre au 14 février, et la seconde commence au 16 février pour finir au 1er juillet.

Pendant les trois mois qui restent, c'est-à-dire juillet, août et septembre, l'école est fermée car les hommes qui en font partie rejoignent alors leurs régiments pour suivre les grandes manœuvres.

Nous avons dit qu'il y a quatre instructeurs. Deux

d'entre eux sont attachés à l'instruction des officiers et les deux autres à celle des hommes de troupe. Dans chaque catégorie l'officier du grade supérieur est chargé d'expliquer la théorie générale du tir du canon et du tir de bataille, le maniement de tous les genres de pièces, la fabrication des poudres et munitions, et l'usage des instruments qui servent à mesurer la vitesse initiale des projectiles.

L'officier du grade moins élevé donne l'instruction du tir pratique et du service des pièces de siège; il enseigne en outre à établir une batterie et à construire les ouvrages de fortification.

Les exercices de l'école sont suivis avec une grande régularité, et la manœuvre du canon est pour ainsi dire constante, aussi peut-on entendre le tir non seulement le matin et le soir, mais encore à toutes les heures de la nuit ; c'est d'ailleurs une excellente chose que d'habituer les hommes aux manœuvres nocturnes, elles leur donnent pour les cas de surprise pendant la guerre une aptitude plus complète pour organiser une résistance rapide.

Trois écoles de sergents sont établies à Potsdam, Julich et Biebrich, où viennent suivre un cours d'ailleurs assez succinct les gradés qui veulent rester dans leurs fonctions.

La Prusse possède un institut médical et chirurgical dans lequel les élèves reçoivent un enseignement gratuit pendant quatre ans : ils s'engagent en échange à servir dans l'armée pendant un certain temps. Il y a également une école vétérinaire ayant les mêmes règlements. Enfin on compte encore divers asiles militaires où sont instruits et élevés les orphelins sans fortune des soldats, sergents et caporaux.

Il faut aussi mentionner les écoles régimentaires où les soldats illettrés reçoivent des leçons de lecture, d'écriture, d'orthographe; les sergents y repassent l'arithmétique, et complètent leurs connaissances sous la direction des officiers et des sergents les plus instruits.

Chaque régiment d'infanterie et chaque bataillon de chasseurs envoie de deux ans en deux ans un lieutenant et tous les ans un sergent et un caporal, pendant deux mois, dans le bataillon de sapeurs qui existe dans chaque corps d'armée afin de bien apprendre les manœuvres de cette arme pendant la guerre. C'est d'ailleurs une condition indispensable pour ceux qui reçoivent cette destination d'avoir antérieurement exercé un métier similaire à ceux demandés pour faire partie de ces bataillons de sapeurs.

Une compagnie dans chacun de ces bataillons de sapeurs est préposée à l'instruction des hommes de l'infanterie, aussi le cadre en est-il augmenté d'un lieutenant en premier, de quatre anciens sergents, et de quatre sapeurs choisis parmi les plus experts.

Comme une période de deux mois est certainement trop courte pour acquérir toutes les connaissances, on limite l'enseignement à celles qui sont absolument nécessaires à l'infanterie en campagne et le cours est divisé en deux parties : la théorie et la pratique.

Le capitaine de la compagnie monitrice donne aux officiers l'instruction dont le programme se compose des matières suivantes : géométrie pratique, application des fascines, tranchées improvisées, travaux de siége, appropriation des voies, construction de ponts en campagne, destruction des lignes télégraphiques et des obstacles naturels, mise en état de défense des maisons, fermes, villages et baraquements, défense et fortifications des campements.

Par un système analogue la cavalerie fait instruire tous les ans dans les travaux concernant la conduite des trains et équipages, un maréchal des logis, un brigadier et trois soldats par régiment en les envoyant dans les escadrons du train de leur corps d'armée.

Ces hommes, qui sont choisis parmi ceux sur le point d'achever leur temps, reviennent au corps s'ils n'ont pu acquérir les connaissances nécessaires, et dans le cas contraire passent dans la réserve du train.

On leur demande de connaître la manière de conduire, d'entretenir et de réparer les voitures, la composition des traits et harnais et les moyens propres à les entretenir, le chargement et le déchargement des chariots, le garnissage, le dégarnissage, le paquetage, les règles à suivre dans un convoi, enfin les guides et les feuilles de route.

Dans l'infanterie, on prend les mêmes précautions; en effet chaque régiment envoie tous les ans pendant un mois et demi à la brigade d'artillerie quatre soldats qui doivent apprendre à entretenir et à conduire les voitures de munitions.

La gymnastique et l'escrime sont aussi en grand honneur dans l'armée allemande, et dans le but de former de bons professeurs il existe une école où vont tous les ans 94 officiers appartenant à toutes les armes. Les études pratiques et théoriques sont divisées en deux cours de cinq mois chacun sous la direction de trois professeurs et six adjoints, ayant tous le grade de lieutenants en premier.

Chaque régiment d'infanterie ou de cavalerie doit avoir douze sergents ou caporaux instruits dans la manipulation des télégraphes militaires. A cet effet les régiments détachent tous les ans dans les bureaux télégraphiques civils le nombre d'hommes nécessaire pour conserver le chiffre réglementaire au complet; cet apprentissage des télégraphistes est de six mois.

L'arme de l'artillerie délègue annuellement six officiers qui suivent pendant trois ans les mêmes cours que les ingénieurs civils à l'académie des arts et métiers de Berlin.

Quatorze autres officiers d'artillerie sont répartis tous les ans dans les ateliers de fonderie de canons de Spandau, dans ceux de pyrotechnie et de transport de munitions de la même ville et des villes de Dantzic et de Deutz; ils suivent les travaux spéciaux sous les ordres des chefs appartenant au corps de l'artillerie qui dirigent ces fabriques.

Enfin, en vue de conserver une uniformité absolue dans tout ce qui est relatif au service de l'infanterie, on forme tous les ans à Potsdam un bataillon composé d'officiers, de sous-officiers et soldats provenant de tous les régiments. Ce bataillon manœuvre sous les yeux d'un directeur du corps de l'infanterie pendant tout le printemps, et cette période d'instruction terminée, chaque homme retourne à son régiment respectif.

En somme, en Prusse et surtout dans le royaume de Saxe et les autres États de la Confédération, l'instruction est si développée qu'il est rare de rencontrer un conscrit ne sachant pas lire, et le nombre des hommes possédant une instruction suffisante est tel que le recrutement des sous-officiers et caporaux se fait sans difficulté. On trouve fréquemment des jeunes gens pauvres de bonne famille qui ont fait leurs études dans les écoles royales et les gymnases, et qui, par suite de leur manque de fortune ou de circonstances, ne recherchent pas le grade d'officier et se contentent de servir comme sergents, avec la possibilité de passer au bout de quelque temps dans l'administration militaire. Ces sous-officiers, avec leur instruction solide et leurs connaissances pratiques, forment les compagnies et les escadrons par leur vigilance et la surveillance immédiate qu'ils exercent sur les troupes, et équivalent sans doute à beaucoup d'officiers subalternes d'autres armées européennes. Pendant la guerre on peut leur confier des postes que l'on ne donnerait ailleurs qu'à des officiers ou même à des capitaines. Le nombre des officiers de l'armée allemande étant assez réduit, comparativement, par exemple, à l'armée espagnole, et les vides dans certains régiments étant assez grands, beaucoup de fonctions importantes sont remplies par ces sous-officiers d'élite.

CHAPITRE V

GÉNÉRAUX, CHEFS, OFFICIERS, HIÉRARCHIE MILITAIRE.

L'armée de l'Allemagne du Nord est commandée par des généraux prussiens et par des généraux des autres États confédérés, mais le nombre de ces derniers est si restreint qu'il ne s'élève pas à un dixième de la totalité.

Voici l'indication des grades de cette armée par ordre hiérarchique :

Maréchal.
Général.
Lieutenant-général.
Colonel.
Lieutenant-colonel.
Major [1].
Capitaine.
Lieutenant.

Lieutenant en second.

Sergent en premier.

Vice-sergent en premier.

Sergent en second.

Caporal.

Nous ne mentionnons pas les grades dénommés : *Offizier* (aspirant officier) et *Fachnrich* (porte-fanion ou porte-enseigne), parce que les aspirants font pendant leur présence au corps le service de simples soldats ou de caporaux selon leurs capacités et leur application, et parce que les porte-enseigne remplissent les fonctions de sergents; c'est le plus ancien de chaque bataillon qui est porte-fanion.

Le grade de capitaine dans l'armée prussienne se subdivise en trois classes, mais cependant tous les officiers de ce grade portent les mêmes insignes et font le même service; la solde qu'ils reçoivent, suivant qu'ils sont capitaines en premier, en second ou en troisième, diffère seule.

Les grades supérieurs aux fonctions que l'on remplit sont totalement inconnus dans l'armée prussienne, les officiers passent toujours d'un grade effectif à un autre également effectif[2].

Au premier juillet 1870 il n'y avait en Prusse qu'un seul maréchal, le comte de Wrangel[3] élevé à cette haute dignité en 1856; 46 généraux parmi lesquels on comptait 22 souverains allemands ou princes de Maisons régnantes qui ne faisaient partie des cadres qu'à titre honorifique, bien que conservant leur rang d'ancienneté et pouvant entrer dans le service effectif comme beaucoup l'ont fait pendant la guerre de 1870-1871 ; pendant la période d'activité ils reçoivent la solde et les vivres réglementaires. De plus il faut ajouter 55 lieutenants-généraux dont 5 princes de familles régnantes et 108 majors généraux au nombre desquels 11 princes de sang royal. En somme, en déduisant les princes des Maisons régnantes, on arrive à compter 172 officiers généraux.

En Prusse il n'y a point de limite d'âge pour aucun emploi militaire. Non seulement les généraux mais tous les officiers, quel que soit leur grade, ne sont jamais renvoyés du service contre leur volonté, à moins qu'ils ne puissent remplir les devoirs de leurs fonctions. Ceux qui donnent leur démission, ce qui arrive souvent dans les grades inférieurs de lieutenant et de capitaine, n'ont que l'obligation commune à tous les Allemands de reprendre les armes en temps de guerre. Quand ils n'ont pas vingt ans de service ils entrent dans la réserve et en cas de guerre sont nommés à un emploi d'officier, indistinctement dans l'armée active ou la landwehr.

En 1870 il y avait en Prusse 152 colonels d'infanterie, 110 lieutenants-colonels et 421 majors ; la cavalerie comptait 51 colonels, 36 lieutenants colonels et 130 majors ; l'artillerie, 38 colonels, 43 lieutenants-colonels et 99 majors ; le génie 15 colonels, 20 lieutenants-colonels et 35 majors ; enfin le train, 2 colonels, 2 lieutenants-colonels et 10 majors.

Les généraux commandent indifféremment les armées et les corps d'armée, ou sont gouverneurs des places de premier ordre ; les lieutenants-généraux commandent les corps d'armée ou les divisions, sont à la tête des places de second ordre, directeurs des armes spéciales, ou encore chefs d'état-major des armées, les majors généraux commandent les divisions et certaines brigades, gouvernent les places de troisième ordre et sont chefs d'état-major de corps d'armée. Les colonels ont sous leurs ordres les brigades, les régiments, et les places de quatrième ordre ; les lieutenants-colonels d'infanterie commandent les régiments et les bataillons, ceux de cavalerie les régiments et les escadrons, les majors commandent les bataillons dans l'arme de l'infanterie, et les escadrons dans celle de la cavalerie ; dans l'une et dans l'autre ils s'occupent de la comptabilité détaillée.

En définitive, chaque régiment ne possède qu'un chef supérieur qui est colonel, lieutenant-colonel, ou même major dans certains cas d'ailleurs peu fréquents. Les bataillons peuvent être commandés par un lieutenant-colonel ou un major ; les escadrons, par un major ou un capitaine, et dans quelques conjonctures fort rares par un lieutenant.

Si le régiment est commandé par un colonel les trois bataillons ont à leur tête deux lieutenants-colonels et un major, un autre major tient la comptabilité et ce dernier doit être le moins ancien en grade; si le régiment est commandé par un lieutenant-colonel; il y a habituellement un autre officier du même grade et trois majors dont l'un employé aux écritures; enfin si le chef est major, les bataillons sont également commandés par des chefs de bataillon. Il existe en Prusse des régiments qui sont commandés par des majors. Avant 1870 il y avait un régiment de cavalerie commandé par un major, et avant 1866 trois régiments d'infanterie se trouvaient dans le même cas.

Les bataillons de chasseurs sont généralement sous les ordres d'un major, mais quelques-uns sont sous les ordres d'un lieutenant-colonel. Le régiment de cavalerie est commandé par un colonel; un lieutenant-colonel et des majors sont à la tête des escadrons, et un autre major s'occupe de ce qui a trait à la comptabilité régimentaire.

Cette disposition du commandement n'est assujettie à aucune règle fixe, elle dépend surtout de l'avancement et de la convenance du service, et chaque corps, sans distinction, peut y être soumis; avant la campagne contre la France, presque tous les régiments de la garde royale avaient à leur tête des lieutenants-colonels [1].

Ce que l'on recherche surtout dans l'armée prussienne c'est la capacité de bien savoir administrer et commander, ce qui ne se trouve pas également dans tous les grades supérieurs. Si un officier est reconnu apte au commandement on le place à la tête d'un corps aussitôt qu'il parvient au grade de major ou de lieutenant-colonel, et il conserve encore ses fonctions lorsqu'il passe colonel; si l'on reconnaît qu'il peut très bien commander 1000 hommes par exemple, et qu'il n'a pas les capacités et la fermeté nécessaires pour en commander 3000 en garnison ou sur le champ de bataille, il continue à remplir les fonctions de lieutenant-colonel et à n'avoir sous ses ordres que le nombre d'hommes qu'il peut conduire efficacement. De même, le major lorsqu'il arrive au grade de colonel, reçoit un emploi en rapport avec ses aptitudes et dans lequel il peut se rendre utile sans entraver le service; de cette façon l'avancement n'est pas seulement donné à quelques privilégiés souvent bien inférieurs, et toutes les vraies capacités arrivent au jour. On ne court pas ainsi le risque immense de confier un régiment à un incapable, ce qui serait aussi dangereux en temps de paix qu'en temps de guerre, car si d'une part le mouvement le mieux étudié peut échouer par la faute d'un chef inepte, ce chef peut d'une autre côté, annihiler les bonnes dispositions du corps placé sous ses ordres.

L'officier qui est à la tête d'un régiment, d'un bataillon, d'un escadron ou d'une batterie est désigné par le titre de son grade dans l'armée, auquel on ajoute la dénomination de commandant de tel régiment, bataillon, etc., etc., il reçoit la solde correspondante aux fonctions qu'il occupe. Par exemple, s'il est major et qu'il commande le régiment des grenadiers de la garde n° 1, il a 12 000 francs de solde et est désigné le major commandant le régiment des grenadiers de la garde n° 1, s'il est colonel il a la même solde et est appelé colonel commandant le régiment.

En grand uniforme les maréchaux ont comme signe distinctif trois plaques carrées en or placées sur le dessus de chaque épaulette, dont les retombants à grosses graines sont d'argent; les généraux portent deux plaques et les lieutenants-généraux une; enfin les majors généraux ont les mêmes épaulettes sans plaques. En petite tenue ces officiers portent un nombre égal de plaques de même métal et de même forme, mais les tresses de l'épaulette sont en or.

En grande tenue les colonels portent deux plaques, semblables à celles des généraux sur leurs épaulettes dont la frange est d'argent; les lieutenant-colonels n'ont qu'une plaque ; les majors n'ont rien sur l'épaulette. En petite tenue les plaques sont aussi sur les épaulettes dont la frange est or et argent, mais moins grosse que pour les généraux. Les capitaines, lieutenants et seconds lieutenants ont comme signe de leur grade en grand uniforme des plaques plus petites sur chaque contre-épaulette ; en petite tenue ces plaques sont placées sur l'épaulière qui consiste en un galon d'argent.

L'uniforme de gala des maréchaux, des généraux, lieutenants-généraux et majors généraux consiste dans une tunique bleue à deux rangs de boutons portant au collet et sur les parements des manches une étroite broderie de glands et de feuilles de chênes, les épaulettes que nous avons décrites, un pantalon bleu avec une bande d'or, un casque avec des plumes aux couleurs nationales et un sabre de cavalerie. En petite tenue ces officiers supérieurs ont une tunique bleue, avec le collet et les parements écarlates, semblable à celle des officiers d'infanterie, un pantalon bleu à deux bandes rouges, un casque sans plumes, une épée mince comme celle des autres officiers, et pour toute distinction les épaulettes ; l'écharpe et le bâton n'étant pas en usage en Allemagne. Les autres chefs et officiers ont le même vêtement pour la grande et la petite tenue ; l'uniforme de gala consiste seulement dans les épaulettes, les contre-épaulettes, ou les plumets. Les officiers d'infanterie cependant ont une écharpe de quatre centimètres, tissée de fils d'argent et de soie noire, posée en sautoir de l'épaule gauche à la hanche droite.

Les généraux qui sont chefs honoraires d'un régiment peuvent porter l'uniforme de ce régiment, mais le fait d'avoir commandé un corps de troupes ne donne pas ce droit comme cela a lieu en Espagne.

Tous les officiers de l'armée depuis le maréchal jusqu'au dernier grade sont toujours en uniforme et ont habituellement pour coiffure une casquette de la même couleur que la tunique. Il n'y a pas d'exemple, pour ainsi dire, qu'un militaire de quelque grade qu'il soit, y compris même le roi de Prusse et les princes de la famille royale, se soit présenté en habit civil dans la rue, au théâtre ou dans le monde.

Dans un pays comme l'Allemagne où l'instruction a reçu un si puissant développement et où l'on trouve des États, comme la Saxe, les duchés de Weimar et de Cobourg-Gotha, dans lesquels on ne compte qu'un illettré sur cent habitants; une nation où le service militaire est obligatoire pour tous, aussi bien pour l'ingénieur, l'écrivain, l'industriel, le riche propriétaire et le commerçant, que pour l'artisan et l'ouvrier, le corps des officiers doit pouvoir se tenir à une certaine hauteur de connaissances et garder ainsi une supériorité aussi grande que possible sur les hommes qu'il doit conduire et commander. Sans cette culture élevée les rigueurs du commandement et les sévérités de la discipline ne pourraient suffire à maintenir le bon ordre et l'harmonie parfaite entre tous les échelons de l'armée, ce qui est le propre de la bonne organisation militaire. Les soldats ont une grande confiance dans leurs chefs et s'ils les craignent énormément à cause de l'excessive dureté disciplinaire, ils ont du moins la conviction qu'ils sont conduits par des hommes ayant une grande science des choses militaires.

Le gouvernement prussien et ceux des autres États de la Confédération veillent à ce que les officiers qui entrent dans l'armée aient non seulement une instruction scientifique militaire aussi complète que possible, mais encore qu'ils possèdent les matières de l'instruction générale sinon mieux du moins aussi bien que les gens des professions civiles. Pour arriver à ce résultat on emploie trois moyens : les collèges, écoles et académies, les examens provisoires et définitifs d'entrée, et l'émulation pour arriver aux grades supérieurs qui sont pour ainsi dire interdits à ceux qui n'ont pas une certaine somme d'instruction. L'illustration de la naissance, la valeur dans les combats, la bonne conduite ou de nombreuses années de service ne suffisent pas pour atteindre un grade au-dessus de celui de capitaine, si l'on n'est doué d'un savoir assez étendu et d'une culture d'esprit suffisante. Si, ce qui est un exemple excessivement rare, un homme par son héroïsme surhumain, sa naissance d'une illustration extrême, ou ses longs services, a pu arriver à être major, il peut tenir pour certain de n'être jamais lieutenant-colonel s'il n'est capable, et intelligent.

Ce système suivi pour l'obtention des grades supérieurs, qui est le même que celui en usage dans l'armée espagnole pour les corps spéciaux de l'artillerie et du génie, crée dans l'armée allemande deux catégories d'officiers. Les uns privilégiés sont aptes à arriver au premier rang, les autres soit défaut de moyens intellectuels, soit nonchalance ou désir préconçu d'abandonner la carrière militaire dans un temps donné ne peuvent avoir d'autre ambition que celle de commander une compagnie, ou dans quelques cas exceptionnels un bataillon ou un escadron.

Beaucoup entrent dans l'armée à l'âge de 16 ou 17 ans comme simples soldats, vont dans une école de guerre pour arriver lieutenants ou capitaines, ils se retirent ensuite avec les prérogatives de leur grade et passent dans la réserve ou la landwehr, ce qui les dispense en cas de guerre ou de mobilisation de reprendre le fusil du simple troupier ; pour cette raison, il est très bien admis qu'un officier inférieur néglige de suivre les cours de l'académie de guerre.

Aussi n'est-il pas surprenant qu'en cas de guerre on trouve, transformés en lieutenants et capitaines de la landwehr ou même de l'armée active, des individus déjà d'un âge mûr qui sont en même temps professeurs dans les universités, grands négociants ou riches rentiers, parce que dans leur jeunesse faisant leur service ils ont suivi les études militaires, et ont abandonné ensuite cette carrière pour en prendre une autre plus à leur goût, ou pour vivre à leur fantaisie.

C'est une erreur généralement répandue de croire que l'armée prussienne soit soumise à l'oligarchie de l'aristocratie et de la noblesse, et complètement fermée aux individus de naissance obscure; cela provient d'un manque d'étude de la part de ceux qui se font les éditeurs de pareilles fantaisies, ou de leur négligence à se procurer des informations précises et pourtant bien faciles.

En Prusse il n'y a pas d'aristocratie dans la véritable acception du mot. A part un petit nombre de familles anciennes issues des souverains allemands dépossédés au temps de la Révolution française et privés des couronnes qu'ils portaient, et qui ont fixé leur résidence surtout dans les provinces méridionales, on trouvera dans tout le royaume prussien une douzaine de familles au plus pouvant aller de pair avec les grands d'Espagne, les lords d'Angleterre et d'Écosse ou les grandes maisons de la vieille noblesse française ; ces familles allemandes d'ailleurs n'ont que des fortunes médiocres. En revanche on trouve un nombre infini de barons (ce qu'on appelle en France des hobereaux)[5]. Ces petites familles nobles sont, pour la plupart, établies dans des hameaux et des villages de peu d'importance, parce qu'elles n'ont par les moyens de vivre dans les grands centres et pour pouvoir faire valoir elles-mêmes leur patrimoine. Elles ont généralement une instruction morale et littéraire très avancée. Aussi tous les jeunes gens qui en font partie vont à l'armée et s'efforcent de se faire proposer pour passer officiers ; ils se retirent, pour le plus grand nombre, lorsqu'ils sont lieutenants ou capitaines, puis passent sans jouissance de la solde dans la réserve. Ceux d'entre eux qui font leur carrière du métier des armes se trouvent mêlés, dans leur vie d'officier, avec les plébéiens de telle manière que lorsque le roi anoblit (ce qui est la coutume) l'officier parvenu au grade de colonel ou mieux encore à celui de général major, la cinquième partie de ces officiers pourvus d'un titre nobiliaire ne peut prendre la particule Von, marque distinctive absolue de la vraie noblesse allemande.

Certainement il est impossible, dans l'armée prussienne, à un sergent d'arriver officier par ancienneté de grade ou pour action d'éclat s'il n'a pas passé les examens exigés, mais tout soldat, caporal, ou sergent de la plus humble extraction peut être examiné, obtenir s'il passe un bon examen une déclaration d'aptitude au grade d'officier et être lieutenant en second ; puis après trois ans de service subir un second examen pour l'académie de guerre, y entrer, en suivre les trois années de cours et gagner ensuite les galons de général ou de maréchal s'il le mérite.

Selon les principes qui servent de bases à l'armée allemande il ne suffit pas d'être d'un grand courage pour commander, il faut encore avoir la science. Dans toute profession bien comprise, que ce soit dans le barreau, la médecine, la chirurgie, l'architecture, les ponts et chaussées, la navigation, ceux qui ont fait les études spéciales nécessaires sont seuls aptes à bien remplir leur mandat. Pense-t-on que ces professions soient plus importantes que la carrière militaire où un chef a entre les mains la vie des soldats, et plus encore le salut et l'honneur de la patrie ?

Sans aucun doute, dans tous les États allemands on a veillé à ce que le favoritisme ne désagrège pas la nation, à ce que des abus criants ne se produisent pas, et enfin à ce que tout ce qui pourrait soustraire un officier quelconque à faire ses preuves de capacité ne puisse exister. Cela est si vrai que les aides de camp des généraux, des princes et même du roi de Prusse sont soumis aux mêmes examens que les simples officiers d'état-major et que de plus ils ne peuvent songer à occuper ces postes si après leurs trois années de cours à l'académie de guerre, ils n'ont obtenu les meilleures notes.

CHAPITRE VI.

**EXAMENS DES ASPIRANTS AU GRADE D'OFFICIER :
RÈGLES QUI RÉGISSENT LEUR ENTRÉE
DANS LES RÉGIMENTS ET LEUR AVANCEMENT.**

Le jeune homme qui, en entrant dans la carrière militaire, a le désir de parvenir à être officier, doit d'abord se présenter au commandant d'un régiment qui, après avoir pris des renseignements, lui indique l'époque à laquelle il devra passer ses examens pour être porte-fanion ou porte-étendard. Trois officiers l'examinent sur la grammaire allemande, l'arithmétique, la géographie de l'Europe, l'histoire générale de l'Allemagne et les éléments du latin ; s'il est admis, il sert au corps comme simple soldat pendant six mois afin d'apprendre la manœuvre, le maniement des armes, les règlements et toutes les obligations qui incombent à l'homme de troupe. Les six mois accomplis sans que sa conduite ait donné lieu à aucun reproche, il entre dans une des six écoles de guerre où il suit les cours nécessaires pour préparer l'examen au grade d'officier; ces cours sont les mêmes que ceux suivis dans les écoles de cadets. Lorsqu'il a terminé et que lui-même se trouve assez préparé, il retourne dans son régiment où il est encore examiné par quatre officiers présidés par un officier supérieur qui est toujours le commandant du corps.

Si l'impétrant sort victorieux de cette deuxième épreuve, le commandant du régiment réunit tous les officiers et soumet son admission à un vote général où il faut que la majorité soit absolue. Si le vote est favorable, le major attaché à la comptabilité en dresse procès-verbal et on en transmet une copie légalisée au ministère de la guerre, afin que le roi fasse la nomination et donne l'ordre d'envoyer le brevet dès qu'il y a une vacance. S'il n'y a pas de place disponible il reste aspirant officier et dans ce cas rentre au régiment en suivant un tour rigoureux avec ceux qui sont dans les mêmes conditions que lui[1]. Un individu entré au service à l'âge de 20 ans comme l'exige la loi, qu'il soit simple soldat, caporal ou sergent, peut aspirer à être officier en se soumettant aux mêmes conditions[2].

Les élèves des lycées civils qui ont terminé leurs études sont dispensés de l'examen de porte-enseigne; les cadets des six collèges militaires et du collège de

Berlin n'ont pas à passer cet examen, pas plus que celui d'officier ; ils ne sont pas soumis au vote, car on considère comme un titre suffisant pour être admis l'approbation de leurs professeurs.

En temps de paix tous les lieutenants en second font un certain temps comme porte-fanion ou porte-étendard ; en temps de guerre la nomination à ce dernier grade précède toujours celui de deuxième lieutenant, quand bien même on ne le remplirait pas effectivement.

L'entrée de tout soldat dans un régiment, qu'il soit aspirant officier ou simple soldat, doit être précédée de la prestation du serment. Un major ou un lieutenant-colonel fait signer à chaque recrue ou aspirant un acte qui contient ce serment ; cet acte remis entre les mains de l'officier payeur du corps est déposé par lui dans les archives. Le serment des recrues se fait individuellement en présence du chef de corps et d'un officier subalterne assistant comme témoin et devant s'assurer que chaque soldat connaît bien la formule du serment.

Voici cette formule, traduite le plus littéralement possible :

« Je fais devant Dieu sage et tout-puissant, le ser-
« ment solennel de servir avec honneur et fidélité sa
« Majesté le roi de Prusse Frédérick Guillaume Ier
« mon gracieux souverain, dans toutes les circons-

« tances et dans tous les lieux, sur terre et sur mer,
« en temps de paix et en temps de guerre, de veiller
« attentivement à tout ce qui peut lui convenir et
« lui être profitable, d'éviter au contraire tout ce
« qui pourrait lui porter tort ou préjudice, de me
« conformer aux règlements militaires que l'on vient
« de lire en ma présence, ainsi qu'aux ordres et
« prescriptions qui me seront donnés, comme il con-
« vient à un soldat honorable, vaillant, et amant du
« devoir et de l'honneur.

« Si je fais ainsi, que Dieu me vienne en aide par
« Jésus-Christ dans toute l'éternité. »

Les officiers au lieu de jurer les articles de la guerre prêtent serment pour les règlements militaires qui équivalent aux ordonnances en Espagne et aux devoirs généraux militaires en France.[3]

On change la formule religieuse suivant la secte à laquelle appartient celui qui prête serment.

Cet acte acquiert en Allemagne une importance bien plus grande que dans d'autres pays, car les croyances religieuses sont profondément enracinées aussi bien chez les catholiques que chez les protestants, et un homme du peuple enfreindra plutôt des obligations contractées devant un notaire ou un officier public que celles prises devant Dieu, obligations qui mettent en jeu sa vie future et éternelle.

L'avancement des officiers jusqu'au grade de capitaine inclus a lieu par régiment et suivant une progression très absolue, à moins d'accomplir des actions d'éclat d'un grand courage ou de se distinguer d'une façon extrêmement brillante dans les études et dans le commandement. Lorsqu'une vacance se produit, le commandant du régiment en informe le ministère de la guerre, et la direction de l'arme dans laquelle la place est disponible envoie le diplôme à l'intéressé.

Pour l'avancement au grade de major le chef de corps fait un choix de propositions parmi les capitaines; il doit avoir égard d'abord à l'ancienneté, puis aux aptitudes reconnues pour avoir passé trois ans à l'académie de guerre, et il arrive habituellement que le ministre choisit un officier qui se trouve dans le second cas. Il faut pour être choisi à l'ancienneté des cas tout spéciaux, comme une très longue durée de service, d'excellentes notes, une grande disposition pour certaines fonctions militaires, des faits de bravoure sur le champ de bataille.

Pour les lieutenants-colonels ou les colonels, on ne fait pas de proposition et ils ne sont pas soumis à suivre l'avancement par corps; ils sont nommés directement par le roi, d'accord avec le ministre de la guerre. Pour règle générale, il y a peu d'exemples de nominations à ces grades avant dix ans de service.

Les propositions d'avancement pour les caporaux et les sergents sont faites par les capitaines ou les commandants d'escadrons au chef de corps, qui les nomme sans difficulté en en donnant communication au ministère de la guerre, afin que la direction de l'arme les place à leur rang respectif d'avancement[1].

CHAPITRE VII.

ÉTAT-MAJOR.

L'état-major de l'armée fédérale comptait au 1er juillet 1870, 115 officiers de différents grades répartis ainsi : un général, un major général, 17 colonels, 10 lieutenants-colonels, 47 majors et 37 capitaines. Ce corps qui est un des meilleurs qui existent en Europe, mérite sérieusement l'attention par son organisation parfaite et le talent des hommes qui le composent ; il n'est régi par aucune loi spéciale ni par aucun règlement particulier, et n'a pas un nombre fixe d'officiers pour aucun des différents degrés de grade. Ces officiers sont pris dans toutes les armes indifféremment depuis le grade de capitaine jusqu'à celui de colonel, mais on les choisit de préférence parmi ceux qui ont passé trois ans à l'académie de guerre ; en outre la coutume est qu'avant de monter d'un degré en grade, l'officier doit retourner faire un séjour d'au moins deux ans dans l'arme dont il est sorti. Cette coutume, depuis la création de l'état-major, n'a été enfreinte qu'une seule fois pour un homme qui a su mériter cette faveur par son mérite extraordinaire. Le maréchal Kleiner Moltke a gagné tous ses grades depuis celui de capitaine jusqu'à celui de lieutenant-colonel dans l'état-major. Il y a certainement quelques officiers instruits et laborieux qui sont arrivés majors ou lieutenants-colonels après un stage strict de deux ans, et, au début de la campagne de 1870, beaucoup sont entrés dans le corps de l'état-major sans avoir complètement accompli le temps exigé par les règlements. Les officiers qui, sont admis dans l'état-major sont élevés au grade de capitaine quand bien même ils ne seraient que lieutenants en second.

Chaque division, en temps de paix et en temps de guerre, possède un chef d'état-major et le reste des officiers du corps est à la disposition du directeur général, lequel est indépendant du ministre de la guerre et décide du nombre des officiers à faire passer dans l'état-major et de ceux qui doivent faire un stage dans les régiments.

Ce système autoritaire est admissible dans une nation dont le souverain est chef effectif de l'armée et a la plus grande confiance dans l'austérité absolue et le talent militaire éprouvé du chef général d'état-major. Ce dernier mérite certainement l'admiration de ses concitoyens. Aussi est-il équitable qu'il décide de ce qu'il y a à faire pour assurer la supériorité du corps qu'il commande. N'est-il pas également juste d'attribuer à cet homme une grande part dans les victoires récentes de l'Allemagne ?

Le général de Moltke en précipitant l'avancement, en facilitant toutes les études qui sont du ressort humain, même celles qui paraissaient le moins avoir trait aux choses militaires, en multipliant les voyages d'instruction non seulement en Allemagne mais encore dans tous les pays étrangers, en maintenant l'émulation entre des jeunes hommes audacieux, intelligents et travailleurs, a si bien stimulé l'esprit des officiers sous ses ordres qu'il n'y a pour ainsi dire pas de sciences ni d'arts qui ne soient dignement représentés dans le corps d'état-major. Non seulement pendant leur présence au corps ces officiers instruits donnent une grande impulsion aux travaux spéciaux, mais encore lorsqu'ils retournent à leur tour dans les régiments ils y apportent l'esprit de recherche, de travail et de progrès, également profitable à l'infanterie, à la cavalerie, et à toutes les armes.

Toutes les guerres de notre époque, grandes ou petites, ont été étudiées sur le terrain par des officiers de l'état-major allemand, et les plus petites causes ont été observées dans tout ce qui touche aux choses militaires.

Le général O' Donnel en Afrique et le général Prim au Maroc, ont eu à leur côté des militaires prussiens qui étaient au courant de leurs desseins, comme leurs aides de camp les plus intimes auraient pu l'être. Lopez lui-même, le dictateur du Paraguay, fut suivi en secret au temps de ses succès par un officier qui possédait à fond la langue espagnole et qui, de plus, avait une sympathie très vive pour la race ibérique : cet officier eut d'ailleurs beaucoup à souffrir lorsqu'il fut découvert par les agents du tyran américain.

Le dépôt de la guerre en Prusse est un arsenal, une encyclopédie, un tout enfin, dans les archives duquel est classé tout ce qui est bien et tout ce qui est mal ; le bien pour l'adopter lorsque c'est possible, le mal pour éviter de tomber dans de pareilles erreurs et pour en tirer profit contre la nation qui en a fourni le contingent, dans le cas d'une guerre. Tous les plans des villes fortes de France, d'Autriche, de Russie, de Hollande, de Belgique, de Danemark et des autres pays y sont étudiés dans leurs plus minces détails; les élévations, les lignes de tir, les glacis, les bastions, les avancées, enfin tous les ouvrages des villes fortes sont définis avec un soin à ce point minutieux que, par exemple, devant Metz et Strasbourg, le génie allemand avait le travail tout fait d'avance et n'avait pas à recourir sur les lieux à des études particulières.

Les cartes indiquant les voies ferrées, les grandes routes, les chemins vicinaux, les sentiers, les meilleurs passages des rivières et les gués, les collines, les chaînes de montagnes, les bois et la statistique territoriale, étaient, avant 1870, disposées et prêtes à être imprimées en peu de temps par un procédé d'une grande simplicité. Un colonel de l'état-major espagnol, officier très distingué, a étudié le procédé pour l'introduire dans l'armée de son pays.

Pendant la campagne de 1870, depuis le début des hostilités jusqu'au 1er décembre, 3,786,000 cartes imprimées dans les ateliers de Berlin ont été distribuées à l'armée. Ces cartes divisées en sections comprenant une ou deux provinces ou départements étaient tirées sur un papier de chanvre offrant une résistance aussi grande que celle de la toile. Au fur et à mesure que les armées allemandes pénétraient plus avant sur le territoire ennemi, ces cartes étaient distribuées non seulement aux généraux et aux officiers, mais encore aux caporaux et sergents, et même aux soldats faisant service d'éclaireurs ; aussi grâce à ce système, pendant la guerre contre la France comme pendant la campagne contre l'Autriche en 1866, vit-on des piquets d'avant-garde entrer dans des villages et des villes sans hésitation et se rendre sur les lieux propices sans demander aucun renseignement aussi bien qu'auraient pu le faire les propres habitants. Cette étude géographique préalable a permis aux partis de cavalerie d'explorer de larges zones de terrain devant les troupes adverses et quelquefois de distraire leur attention pour cacher des mouvements et des marches.

En peu de temps on peut reproduire un nombre infini de ces cartes par un procédé lithographique fort ingénieux ; en quelques heures des milliers d'exemplaires peuvent être tirés pour être livrés aux services militaires, si bien que pour le siège de Paris on en imprima 180 000 portant les ouvrages de cette ville, ses forts et tous les environs [1].

Le travail de l'état-major ne se borne pas seulement à la confection de ces cartes ; il s'occupe conjointement de la préparation des croquis topographiques à l'usage des généraux et des officiers de génie et d'artillerie, de notes cadastrales et de statistiques pour l'administration militaire. Enfin toutes les places fortes de l'Europe ont leur dossier parfaitement en règle et contenant toutes les notes possibles sur leur importance, leurs moyens de défense, leur degré de résistance et les plans à suivre pour les réduire.

On ne peut vraiment pas s'empêcher de reconnaître les avantages énormes que possède l'armée allemande, grâce aux travaux préparatoires faits par son état-major. Imagine-t-on la force et la certitude dans les opérations que doivent donner à une armée la connaissance approfondie du territoire ennemi sur lequel elle opère et l'étude depuis longtemps faite de toutes les voies de communication, des chemins de fer et des ressources du pays que l'on doit attaquer. Quand on pense que ce travail préliminaire était fait aussi bien pour la France en 1870 que pour l'Autriche en 1866, qu'il est terminé maintenant pour la Russie, la Hollande et la Belgique, on ne peut que reconnaître la grande supériorité qu'ont les Allemands en entrant en campagne. Mais l'exemple a porté ses fruits, et aujourd'hui les états-majors des principales puissances européennes font des travaux analogues qui égaliseront certainement les chances de la guerre, si elle éclate jamais.

Pour bien se rendre compte des études préparatoires faites par les Prussiens avant 1870, il faut considérer ce qu'ils ont fait dès le début des hostilités. Avec une facilité remarquable ils ont fait mouvoir des armées de 150,000 et 200,000 hommes, comme des joueurs émérites feraient marcher, avancer ou se replier, les pièces d'un échiquier. Pour une personne étrangère aux choses de l'art militaire il semble tout simple de voir deux armées pour livrer bataille réunir 200,000 ou 300,000 hommes bien équipés, pourvus de vivres et de munitions, et il y a des gens d'un réel talent qui rejettent sur un général tout le poids des fautes commises lorsqu'il n'a pas eu au moment décisif la totalité des forces dont il devait disposer, ou qui exaltent la science d'un chef qui a pu prendre un ennemi au dépourvu. Ce sont là les malheurs et les bonheurs de la guerre qui peuvent être mis à la rigueur sur le compte du hasard. Mais lorsque pendant une campagne de six mois les marches ont toujours été bien combinées, et faites au bon moment avec une armée comptant les hommes par centaines de mille et les canons, les voitures de vivres, de munitions et d'ambulance par milliers, lorsque l'harmonie parfaite a été conservée dans tant de routes et de directions différentes avec tant de buts à atteindre à 300 ou 400 kilomètres de la mère patrie, les plus inconscients des choses de la guerre ne peuvent faire autrement que de reconnaître l'excellence d'une machine aussi bien dirigée et perfectionnée ; et c'est pourtant ce qu'a accompli l'état-major allemand.

Les erreurs et les fautes commises dans les mouvements stratégiques ne proviennent pas toujours du fait du général en chef, et souvent c'est seulement lorsque ces fautes sont irrémédiables qu'il s'en aperçoit. Prenons pour exemple une ville assiégée. Pour une sortie le général en chef dispose d'une force de

50,000 hommes, mais encore faut-il qu'il les ait sous la main au moment de l'action, et si par la faute d'un état-major au-dessous de sa tâche l'on fait sortir les troupes lentement par un seul endroit, pour ainsi dire, homme par homme, qu'arrivera-t-il? Il faudra un temps fort long avant la formation définitive en ligne de bataille et l'ennemi prévenu aura le temps de détruire les premiers bataillons avant que le gros de l'armée puisse leur porter secours. Lorsque celle-ci arrivera sur le lieu de l'action, démoralisée par un premier échec, amoindrie de tout ce qui aura été culbuté, elle ne pourra opposer aux coups de l'ennemi qu'un courage inutile, car elle n'aura plus la plénitude de sa force et tous ses moyens d'action. Il faut que tout soit étudié d'avance, que l'état-major de la place investie réglemente l'écoulement des troupes de manière à ce qu'elles se trouvent réunies sur un point donné au moment choisi, et cela d'après les règles des mouvements de troupes en campagne, en se conformant au laps de temps qu'il faut aux colonnes pour arriver au lieu fixé et à la durée nécessitée par les opérations. Quelle force peut avoir un général qui compte sur 100,000 hommes et 80 canons, et qui, lorsqu'il attaque ou est attaqué, n'a sous la main que 50,000 soldats et 20 ou 30 pièces d'artillerie.

Un écrivain allemand, en parlant des services rendus par l'état-major pendant la campagne de 1870, explique les quatre objets qui font l'occupation principale de ce corps, ce sont : la stratégie, la tactique, les dispositions générales et l'ordre de bataille.

La stratégie est la science du commandant supérieur; les principes qui président à la direction suprême pendant la guerre sont théoriquement son objectif, et pratiquement ils doivent indiquer les grandes lignes d'une campagne, l'emploi et la disposition générale des armées, afin d'arriver à un but désiré et prévu.

Le plan stratégique conçu par le commandant en chef et exécuté par l'état-major fixe la formation et la dislocation des différents éléments d'une armée, soit pour l'expectative, soit pour l'attaque, dans une seule ligne ou dans des directions diverses commandées par les dispositions du pays. Aussi bien pour la défensive que pour l'offensive les opérations doivent avoir une base sûre destinée à couvrir l'armée en cas de retraite, comme par exemple une place forte et plusieurs si c'est possible; un point de la plus grande importance est de ne jamais laisser entamer ses lignes de derrière au cours des opérations.

Pendant la dernière campagne l'Allemagne avait comme points d'appui, d'abord en première ligne Saarlouis et Germersheim, et en seconde les grandes places fortes de Mayence et de Coblentz. La France, si elle avait attaqué et marché de l'avant, s'appuyait de même sur Metz, Strasbourg et les nombreuses forteresses de l'Alsace et de la Lorraine.

Si la base des opérations est l'offensive, les différentes fractions de l'armée depuis le début de la formation s'avancent, suivant les vues du commandant en chef, par grandes lignes restant séparées ou se réunissant en un point déterminé pour y tenter à un moment donné la fortune de la bataille, avec les meilleurs moyens d'action et d'énergie. L'objet principal du stratège est de tout disposer de telle façon qu'on puisse livrer la bataille au moment décisif avec la plus grande supériorité ; la combinaison des corps et la conduite du combat sont le lot du tacticien. La stratégie indique les chemins qui mènent au point de concentration, fixe ce point et le moment opportun; la tactique prescrit les formations et les mesures de combat.

Suivant le plan des opérations de l'armée prussienne qui conduisit à la victoire de Kœnisgraetz ou Sadowa en 1866, l'armée du prince royal sortie de la Silésie marcha sur le flanc droit des Autrichiens et coupa presque leur ligne de retraite ; la disposition de cette marche est l'œuvre de la stratégie. Si le général Benedeck avait réussi à repousser victorieusement l'attaque des Prussiens, il aurait conjuré par la tactique les périls d'une situation si précaire et si mauvaise au point de vue de la stratégie.

La marche exécutée en août 1870 par la deuxième armée allemande sous le commandement du prince Frédérick-Charles, le passage de la Moselle à Pont-à-Mousson pour entourer l'armée de Bazaine qui se trouvait dans les environs de Metz et pour couper les communications avec Verdun, sont des opérations stratégiques.

Les batailles des 16 et 18 août qui suivirent et qui eurent pour résultat la retraite de Bazaine sous Metz furent des opérations tactiques qui contribuèrent au triomphe du plan stratégique. L'erreur commise par Bazaine de rester à Metz dans une position qui compromettait sa ligne de retraite donna lieu à une autre faute faite par les généraux français; le maréchal de Mac-Mahon pour lui porter secours entreprit l'aventureuse expédition de Sedan, marche de flanc qui exposait les troupes françaises à avoir leur retraite coupée ou à être rejetées sur le territoire belge.

Les généraux allemands, profitant de cette fausse manœuvre, suspendirent la marche sur Paris de leur troisième armée commandée par le prince royal de Prusse, et la dirigèrent sur Sedan. Cette marche a tout le caractère de la stratégie, comme les combats livrés pour enfermer l'armée française sous Sedan dans un cercle de fer ont le caractère de la tactique.

Donc, la stratégie et la tactique sont les deux grands leviers de l'art militaire et ont entre elles une liaison absolue. Un bon plan stratégique bien exécuté facilite les efforts de la tactique, tire la quintessence de la victoire, et autant que faire se peut atténue les désastres d'une déroute. Mais la meilleure conception stratégique, quand bien même elle aurait pour but la dispersion des corps d'armée ennemis de façon à pouvoir les attaquer séparément avec des forces supérieures, échouera entièrement si elle ne trouve pas au moment décisif l'appui de la tactique, et de même la situation stratégique la plus critique peut être sauvée par une heureuse idée tactique; la direction et l'issue de la guerre consistent donc sans aucun doute dans l'accord parfait de l'une et de l'autre.

Par dispositions militaires il faut entendre tout ce qui a trait à l'arrangement des troupes pour l'action; elles sont à la tactique ce que le plan d'opérations est à la stratégie. Les dispositions générales, qui sont du ressort de l'état-major, indiquent les grandes lignes et l'objet de la bataille livrée, déterminent la distribution des différentes armes suivant leurs aptitudes, la décomposition en colonnes, les positions qu'il importe d'occuper, et les points sur lesquels on doit se diriger aussi bien pour l'attaque qu'en cas de retraite. Enfin, l'ordre de bataille est la dislocation des corps d'armée en avant-garde, centre et réserve, et les moyens donnés pour fixer de quelle manière ces diverses masses doivent se seconder, se succéder et s'appuyer au moment décisif de l'action.

A l'époque actuelle, avec des armées combattantes qui comptent des effectifs si considérables, qui occupent des cantonnements si étendus et qui, dans les marches et même dans l'ordre de bataille, se développent sur une longueur si grande, le plan stratégique le mieux compris pour la disposition des forces et les inspirations tactiques les plus heureuses dépendent le plus souvent de l'activité et de la précision apportées dans l'exécution par l'état-major. Aussi faut-il que les officiers qui composent ce corps possèdent également tous les renseignements possibles, aient en outre la perspicacité nécessaire pour saisir les mouvements de l'ennemi et en avertir le général, qui, en somme ne peut veiller à tout à la fois, pour que, suivant les circonstances, il puisse apporter les changements que réclament les dispositions nouvelles prises par l'ennemi.

Ainsi que nous l'avons déjà dit au commencement de ce chapitre, les officiers qui remplissent leurs fonctions auprès du directeur général constituent le grand état-major. Peu avant l'ouverture des hostilités en 1870, ils étaient au nombre de 57 divisés en six sections, dirigées chacune par un colonel ou un lieutenant-colonel. Les trois premières sections, qui sont nommées d'exploration, s'occupent d'étudier dans leurs moindres détails tous les pays qui peuvent par la suite devenir le théâtre d'une guerre à laquelle l'Allemagne prendrait part; les trois autres sections ont pour attributions la triangulation du territoire, la statistique et l'histoire.

Le grand état-major se compose d'officiers appartenant aux différentes armes et détachés temporairement pour apporter à l'œuvre commune les lumières de leurs connaissances spéciales; ils conservent leur poste dans les régiments et portent l'uniforme de leur corps.

Le directeur général de l'état-major dispose d'un certain nombre d'officiers du génie, de l'artillerie, et même des autres armes, qu'il place comme auxiliaires auprès des officiers du corps dans les voyages d'investigation qui ont pour résultat la levée des cartes, les plans des villes et places fortes étrangères et des mémoires statistiques embrassant le plus grand nombre d'objets possible.

Les travaux complètement terminés au mois de juillet 1870 comprenaient, au nord-ouest toutes les contrées jusqu'au littoral de la Belgique, de la Hollande et du département du Pas de Calais; au nord-est ils embrassaient tout le pays jusqu'à Nowgorod, au sud-est jusqu'à Cracovie, et au sud-ouest jusqu'à Orléans.

Là s'étendaient les travaux faits en 1870, du

moins d'après les documents officiels, mais des personnes bien renseignées et dignes de foi prétendaient que ces travaux comprenaient un territoire bien plus étendu, et que, notamment pour la France, ils allaient jusqu'aux Pyrénées et jusqu'à la Méditerranée.

Enfin le chef du grand état-major, lorsqu'il le juge nécessaire, peut s'adjoindre des savants et des ingénieurs civils, comme il l'a fait d'ailleurs en confiant la direction de l'impression des cartes à un architecte.

CHAPITRE VIII

INFANTERIE

L'armée active de l'Allemagne du Nord compte 118 régiments d'infanterie à trois bataillons et 18 bataillons de chasseurs formant un total de 372 bataillons [1].

L'effectif de chaque bataillon des cinq premiers régiments de la garde royale prussienne en temps de paix est de 678 hommes divisés en quatre compagnies, plus le cadre comprenant un commandant, quatre capitaines, quatre lieutenants en premier, douze lieutenants en second et un adjudant du même grade. Les bataillons des autres régiments de la garde et de l'armée fédérale comptent un commandant, quatre capitaines, quatre lieutenants en premier, huit seconds lieutenants, un adjudant et 526 hommes de troupe. L'état major d'un régiment se compose de son commandant, d'un major et d'un adjudant du grade de lieutenant en premier. Chacun des cinq premiers régiments de la garde compte 69 officiers et 2101 soldats et les autres régiments 57 officiers et 1607 soldats, sans compter les musiciens. Il y a enfin dans chaque régiment six médecins et trois employés d'administration militaire sous le nom de trésoriers. Les bataillons autonomes de chasseurs comptent 22 officiers et 526 soldats, deux médecins et un trésorier ; ils sont également divisés en quatre compagnies. Ce sont là les effectifs en temps de paix, sur le pied de guerre ils sont portés à 1000 hommes, aussi bien pour les bataillons de la garde que pour ceux du reste de l'armée. Chaque bataillon d'infanterie a huit tambours, et huit clairons ou fifres, les hommes jouant alternativement de ces deux instruments.

Dans les régiments d'infanterie on ne voit ni sapeurs armés de la hache, ni tambour-major. En tête du régiment marche la musique, puis viennent les tambours précédés d'un caporal portant un chapeau chinois surmonté en Prusse d'un aigle noir tenant dans chacune de ses serres une queue de cheval ; dans les autres États les attributs héraldiques changent, mais l'ordre est le même.

Comme il a déjà été dit dans un chapitre précédent, les régiments ont un numérotage général propre à toute l'arme de l'infanterie et une dénomination qui est tirée du nom du district ou cercle dans lequel chaque régiment est recruté et où il réside le plus ordinairement ; les régiments de la garde ne suivent pas cette loi commune. Pour donner un exemple, les régiments des provinces rhénanes sont dénommés ainsi : 1ᵉʳ régiment d'infanterie rhénane n° 25, etc., etc., et ainsi de suite.

Il y a en Prusse douze régiments de grenadiers qui sont en tout semblables aux autres régiments et ne s'en distinguent ni par le mode de recrutement, ni par leur destination dans les combats ; cette appellation n'a d'autre raison d'être que son ancienneté et subsiste comme un souvenir glorieux. Le premier de ces régiments porte même sur la plaque de cuivre du casque le millésime de 1619, en mémoire de l'avènement au trône du grand Électeur sous le règne duquel l'armée permanente fut fondée dans le Brandebourg.

Le titre de chef honoraire d'un régiment est une distinction également appréciée de celui qui la reçoit et du régiment qui en est l'objet. Le roi de Prusse, la reine, la princesse royale, les princes, les souverains étrangers et amis, les généraux de Moltke et de Roon sont commandants honoraires des plus anciens et des plus renommés régiments.

On compte aussi dans l'armée fédérale 14 régiments de fusiliers qui sont considérés comme infanterie légère ; les soldats de ces régiments, de même que ceux des bataillons de chasseurs, ne portent la bayonnette au fusil ni dans les revues et parades, ni dans les manœuvres, ni pendant l'action, ni même quand ils sont en sentinelles ; ils se servent seulement dans les charges d'un sabre-bayonnette. Leur carabine bien plus courte que le fusil d'ordonnance de l'infanterie, est pourvue d'une hausse graduée avec une grande justesse ; l'exercice du tir est pratiqué dans ces corps plus que dans tous les autres, on y consacre deux séances par semaine. Le bataillon de chasseurs de la garde prussienne est composé de gardes forestiers du domaine royal et le bataillon de fusiliers de chasseurs de profession ; ces hommes aux habitudes spéciales sont choisis non seulement à cause de la rectitude de leur tir, mais encore à cause de la pratique qu'ils possèdent des forêts et des montagnes, et de la coutume qu'ils ont de vivre en rase campagne, toutes choses qui les rendent très propres au service de découvertes et d'explorations ainsi qu'au métier de batteurs d'estrade.

Cependant les régiments de fusiliers et les bataillons de chasseurs sont le plus souvent employés comme troupes de ligne, tandis que les régiments de grenadiers et les régiments de ligne fournissant les postes avancés, faisant les reconnaissances, marchant en avant-garde, s'occupent du service de sécurité et d'investigation ; cela s'explique facilement par l'avantage que l'on peut retirer dans une ligne de bataille de la certitude du tir des premiers. Toutefois les corps spéciaux et les autres sont aptes à tous les genres de formations et de mouvements ; ils reçoivent d'ailleurs une instruction identique, ont le même équipement, et l'armement diffère peu ; aussi peut-on dire que la différence est plutôt nominale qu'effective.

L'infanterie de l'Allemagne du Nord est armée du fusil à aiguille Dreyse,[2] lequel a un tir précis, à 800 pas, sur les masses et peut tirer cinq coups par minute. La Prusse adopta ce fusil en 1849 et pendant la campagne du Shleswig on a pu en constater les brillants résultats, cependant la Prusse resta muette et ne fit pas de bruit ; les Autrichiens ne surent pas mettre à profit l'expérimentation qu'ils avaient sous les yeux et, bien plus, redoublèrent de préjugés contre cette arme nouvelle ; mais 1866 arriva et la supériorité incontestable de cet armement devint un fait acquis ; aussi toutes les nations s'empressèrent-elles d'adopter pour l'armement des troupes un fusil à tir rapide.

Le Chassepot français est construit d'après l'idée du système Dreyse. S'il a quelques désavantages qui certainement ne sont pas sans importance, il l'emporte sur le fusil prussien en ce sens qu'il a un tir plus rapide ; sa trajectoire est moins étendue, et rasante, ce qui fait que le projectile s'élevant moins a plus de chances de rencontrer l'ennemi et par conséquent de causer de plus grands ravages. On doit ajouter qu'il est bien moins lourd que le fusil Dreyse et mieux équilibré.

Toutefois on peut dire qu'arrivée à un certain degré de perfection l'arme est d'autant meilleure qu'elle se trouve dans des mains habiles, et que la différence soit en infériorité, soit en supériorité, peut très souvent être compensée par l'habileté du tireur. Un avantage incontestable du fusil Dreyse, c'est sa cartouche, avantage que ne possède pas le Chassepot.

En effet la cartouche du Chassepot est en papier cartonné nommé combustible, et cependant lors de l'inflammation de la charge dans le tir ce papier n'est pas toujours entièrement consumé. La cartouche du Dreyse est en métal, elle ne se consume donc pas plus ou moins bien, comme celle du fusil français. Aussi un appareil extracteur est-il adapté à l'arme; le coup étant tiré, lorsque le tonnerre s'ouvre pour un nouveau chargement, le culot de la cartouche repoussé par l'extracteur tombe de lui-même laissant libre l'âme du fusil. Ces tubes métalliques peuvent servir d'ailleurs plusieurs fois. On prétend qu'une des causes qui ont poussé l'empereur Napoléon III à entreprendre la guerre aussi rapidement a été que les Allemands voulaient encore réformer leurs fusils, en adoptant un nouveau modèle plus perfectionné [5].

Pour que l'on puisse bien apprécier les défectuosités du fusil chassepot nous donnons ici un court extrait d'un mémoire rédigé par les officiers allemands chargés à l'école de Spandau d'analyser ce fusil et sa cartouche, et de faire toutes les expériences nécessaires pour démontrer ses inconvénients et ses avantages.

La cartouche chassepot se détériore facilement et est pour ainsi dire hors d'usage après une longue marche; la graisse qui recouvre le papier, ou s'évapore au contact de l'air et manquant au moment du tir rend l'introduction de la cartouche difficile, ou bien pénètre à travers les pores de l'enveloppe cartonnée et décompose la poudre. Le culot des cartouches est soumis à toutes les variations de la température qu'elle soit basse ou élevée, si bien que lorsqu'elles sont emmagasinées en caisses, si l'entrepôt n'est pas assez sec ou est mal ventilé, elles ne tardent pas à se couvrir d'une mousse épaisse et verdâtre qui les met hors de service. Si par hasard une seule cartouche s'enflamme dans un caisson, dans une caisse, ou dans un atelier de fabrication, la totalité des munitions saute aussitôt, car les cartouches ne sont pas isolées par une enveloppe de métal. Enfin les matériaux eux-mêmes qui entrent dans la formation de la cartouche chassepot, le carton, la colle, la graisse qui doivent brûler dans la chambre de l'arme, ne tardent pas à l'encrasser énormément, ce qui fait qu'au bout de 20 ou 30 coups tirés l'introduction de la cartouche devient très difficile, et par suite la rapidité du tir est diminuée.

Sous l'empire d'une température froide ou très sèche la graisse qui entoure la cartouche se durcit dans le tonnerre et rend nécessaires le démontage et le nettoyage du fusil. Si, au contraire, la chaleur ou l'humidité règne, la graisse ne devient pas dure mais s'amollit outre mesure, ce qui dépose dans la chambre à feu des résidus étrangers qui rendent le tir rapide impossible, et après 150 ou 200 coups tirés, pour mettre à nouveau l'arme en état de service, il faut la démonter et en nettoyer les pièces.

Tous ces inconvénients sont écartés par la cartouche métallique du Dreyse ; l'étui étant formé d'une lamelle solide en cuivre il est absolument impossible que l'air ou l'eau puisse pénétrer jusqu'à la poudre, aussi peut-on mettre ces munitions dans un magasin quelconque, même humide, et peut-on les y laisser plusieurs mois. Pendant une campagne elles bravent impunément et les pluies et les neiges, le métal conserve la matière graisseuse adhérente et ne salit pas à chaque coup la chambre et l'âme du fusil qui se conservent ainsi en état de propreté. En outre avec la cartouche en papier ou en carton les coups ratent souvent car le disque qui maintient la capsule étant formé d'une matière peu forte ne peut offrir une résistance suffisante pour produire l'explosion lorsque l'aiguille vient frapper la capsule. Avec la cartouche en métal bien faite cette défectuosité ne peut jamais se produire parce que le disque souteneur assujetti contre l'armature ou tube en métal offre toujours une résistance assez considérable pour la percussion [4].

Le cuivre que produit l'Espagne est malheureusement loin de valoir celui qui vient de l'extrême Orient pour la fabrication des étuis à cartouche, et cela à cause de la trop grande proportion de soufre qu'il conserve après la fonte, ce qui enlève au tube l'élasticité et la consistance nécessaires.

L'armée bavaroise se sert du fusil Werder [5] que l'on considère comme supérieur au Dreyse, au Chassepot et au Remington ; ce dernier fusil a été adopté par l'Espagne, bien que ce pays ait déjà fait transformer 200 000 fusils à piston en armes se chargeant par la culasse, d'après le système Berdan.

Le Dreyse, le Chassepot, de même que le Berdan ont certains défauts que n'a pas le Remington. La base du système des trois premières armes est un tonnerre mobile qui se meut sur l'axe du canon et se ferme comme un verrou au moyen d'un levier droit ou abaissé ; dans le Remington, le tonnerre tournant se meut transversalement dans une rainure ménagée dans l'armature en fer ajustée à la crosse.

Dans ce fusil, lors de l'explosion, la poussée que reçoit le tonnerre, lequel est solidement établi et fait d'une seule pièce, porte toute sa force sur la crosse et l'épaule du soldat, tandis que dans les trois autres armes la fermeture avec ses différentes pièces qui composent le tonnerre supportent directement l'effort initial ; cette fermeture d'ailleurs, par suite de son peu de volume et de sa forme ne peut toujours avoir toutes ses pièces assez bien emboîtées, et accouplées pour offrir une masse compacte de résistance. Le Remington se ferme hermétiquement, préservant ainsi l'intérieur du canon de la poussière et de l'humidité, ce qui ne peut être obtenu avec les autres armes. Un avantage très grand du fusil Remington, c'est la facilité qu'il offre pour le nettoyage ; il suffit d'abaisser le chien pour que la baguette puisse suivre toute l'étendue de l'âme ; dans les autres fusils, au contraire, pour les nettoyer complètement, il faut absolument enlever la vis d'arrêt de la culasse mobile, ce qui demande plus de temps, et bien plus, met l'arme hors de service pendant toute l'opération, tandis que le Remington est toujours prêt à recevoir la charge[6].

Un autre inconvénient qui existe dans le Dreyse, le Chassepot et le Berdan, c'est la difficulté de placer absolument au point précis le levier ou barre faisant mouvoir le tonnerre ; or la moindre inclinaison d'un côté ou d'un autre produit inévitablement dans le côté opposé du canon une vibration plus forte qui fait dévier la balle et rend ainsi très difficile une précision absolue dans le tir. Les tireurs habiles, bien instruits, en pratiquant longtemps le même fusil, peuvent arriver à se rendre compte des effets de cette déviation du projectile et calculer alors la hausse suivant les distances ; mais c'est là un moyen empirique qui demande une observation calculée et soutenue pour chaque fusil, et ce n'est certes pas la précision et la régularité que demande une arme de guerre absolument bonne.

L'introduction de ces armes à tir rapide et précis dans toutes les armées européennes donne à l'arme de l'infanterie une importance de premier ordre, et dans le combat le rôle des tirailleurs acquiert un intérêt considérable. Le soldat espagnol est surtout apte à ce genre de combat ; il en possède les qualités spéciales. Malgré le renom de l'infanterie allemande, ses meilleures compagnies de tirailleurs ne peuvent soutenir la comparaison avec les compagnies de chasseurs espagnols, sous le rapport de la tenue sous les armes, de la légèreté et de l'initiative. Nous avons pu nous rendre compte de ce que nous avançons en suivant les grandes manœuvres que le roi de Prusse en personne commande tous les ans, et nous avons entendu des généraux expérimentés ayant suivi la campagne du Maroc, reconnaître facilement la véracité de notre dire. Ils ne tarissaient pas en éloges sur l'agilité, la perspicacité, l'initiative individuelle, et l'élan du soldat espagnol.

Nous devons cependant avouer que toutes ces qualités de nos troupes ne seraient pas suffisantes certainement pour soutenir une lutte avec l'armée de l'Allemagne ou avec celle de tout autre pays dont l'instruction militaire est avancée. Il faut que nos officiers espagnols soient, comme connaissances, aussi avancés que les Prussiens, il faut aussi tirer parti des excellentes dispositions de nos recrues, en leur donnant une instruction plus solide que celle qu'elles reçoivent actuellement; en outre il faut les exercer davantage dans la pratique du tir à la cible et de tranchée, dans les exercices de tir en ligne. Nous avons encore le bonheur, grâce à la vivacité et à l'intelligence de notre race, de ne point être dans l'obligation, comme cela a lieu en Prusse, de faire répéter aux recrues pendant trois mois les mêmes mouvements, et pendant trois autres mois le tir à la cible, avant de les encadrer définitivement dans le rang.

Actuellement la célérité du tir, la précision et la portée des nouvelles armes exigent des modifications radicales dans la tactique de l'infanterie et de la cavalerie.

Une colonne d'attaque profonde formée de plusieurs bataillons selon l'ancienne tactique pouvait être bonne du temps des fusils à pierre et des canons se chargeant par la gueule avec des projectiles sphériques. Elle pouvait profiter des mouvements de terrain pour s'approcher le plus près possible de l'ennemi et se découvrir tout à coup ; aujourd'hui cette tactique est désastreuse, car, bien avant d'aborder l'ennemi, celui-ci lui fait essuyer tous ses feux rapides et précis, qui portent la mort dans les rangs, et les changements de la hausse permettent un tir toujours sûr et égal à mesure que les distances varient.

C'est pour n'avoir pas bien compris cette règle élémentaire indiquée par le nouvel armement, que les Français ont perdu beaucoup de monde en 1870. Bien que l'expérience de 1866 eût dû les éclairer, bien que l'adoption du fusil chassepot eût dû leur faire prendre un autre mode de combat, ils usèrent de l'antique mode de formation dès le début des hostilités, et des leçons terribles seules firent changer de système certains chefs, qui trouvèrent dans leur talent les modifications à apporter ; mais cela ne fut dû qu'à l'initiative de chacun d'eux, et l'uniformité absolue qui doit régner dans la manière de combattre d'une armée pour tirer parti de tous ses éléments et de tous ses efforts ne put être entièrement observée.

Aujourd'hui, avec la prépondérance acquise par le fusil et le canon, tous les mouvements de l'infanterie doivent avoir pour but de dissimuler et de disperser les hommes, sans que pour cela la part que cette arme doit prendre au combat soit en rien diminuée.

La formation en ordre serré, en colonnes profondes est absurde aujourd'hui car les masses offrent à l'ennemi un but sur lequel il peut faire converger ses feux avec succès. On doit employer l'ordre dispersé, mais cependant pour que l'isolement de l'homme ne soit pas trop grand, pour qu'il se sente appuyé, pour que tout l'effort ne porte pas sur les premières lignes à un moment donné, il faut échelonner les forces de manière à pouvoir les rassembler rapidement ; dans ces échelonnements on doit mettre à profit les accidents de terrain, et s'en servir également à l'instant de l'attaque décisive.

L'ordre dispersé ou ouvert présente de grands inconvénients si le soldat n'a pas une solide instruction militaire et une bonne pratique du combat isolé, s'il ne sait pas agir et faire les mouvements avec une grande initiative individuelle, accomplir avec justesse les ordres donnés, et en un mot se pénétrer du but poursuivi dans la combinaison générale.

En 1870, à la bataille de Wissembourg et dans d'autres rencontres, on vit avec quelle facilité les bataillons allemands se déployaient en guérillas, avançaient pour ainsi dire sans ordre dans les terres et les bois, paraissant en débandade, puis se rassemblaient et se formaient rapidement en colonnes de compagnies par un mouvement si instantané qu'il était, pour ainsi parler, aussi vite exécuté que vu.

Pour ce système la compagnie doit être l'unité de combat, le bataillon restant unité tactique.

Lorsqu'en 1868 une commission composée d'officiers et de généraux allemands fut formée pour étudier deux modèles de mitrailleuses du genre des mitrailleuses françaises, parmi les raisons qui furent mises en avant pour ne point en faire l'adoption dans l'armée fédérale, la principale fut que le service d'une mitrailleuse demandant huit hommes, le même nombre de soldats armés de fusils à aiguille pouvait, dans le même espace de temps, tirer autant de coups que la pièce, et cela avec une rectitude plus absolue et un champ de tir plus étendu, sans avoir en outre les inconvénients des chevaux de trait et des caissons, sans avoir à se préoccuper des accidents de terrain, sans offrir à l'artillerie ennemie un but aussi considérable, et enfin sans avoir à un certain moment à rechercher un but donné à une distance permettant de mettre en œuvre les effets destructeurs de l'engin. Toutefois, pour raisonner ainsi, il faut avoir sous la main des hommes tirant bien. La France en adoptant les mitrailleuses n'avait sans doute pas réfléchi à toutes ces choses.

En Allemagne on distribue tous les ans à chaque bataillon 40 000 cartouches pour les exercices à feu;

ces cartouches sont réparties également entre tous les hommes sans faire attention à l'adresse ou à l'ancienneté. Les bataillons qui retrouvent et rendent la moitié ou au moins le tiers du plomb des cartouches reçoivent une quantité équivalente de cartouches destinées aux exercices supplémentaires des hommes les moins adroits.

L'école de tir de chaque régiment est dirigée par un officier auquel, suivant les besoins, on adjoint d'autres officiers et des sergents pour l'instruction des jeunes soldats. Le commandant du corps assiste très souvent aux exercices et un général assiste toujours aux examens. Tous les ans, sous le contrôle des officiers, un livre est établi qui s'appelle registre de tir, où sont marqués tous les coups que chaque soldat peut mettre dans le noir de la cible.

L'infanterie de l'armée active fédérale comprend les corps suivants[7] :

PRUSSE, AVEC LES DUCHÉS DE SAXE ET LES VILLES LIBRES

	bataillons.
4 régiments de la garde royale à 3 bataillons.	12
4 — de grenadiers de la garde royale.	12
1 bataillon de chasseurs de la garde.	1
1 — de fusiliers —	1
12 régiments de grenadiers de l'armée à 3 bataillons . .	36
11 — de fusiliers de l'armée à 3 bataillons . . .	33
70 — d'infanterie de ligne	210
11 bataillons de chasseurs.	11
	316

ROYAUME DE SAXE

2 régiments de grenadiers à 3 bataillons (les 3ᵉˢ bataillons sont de fusiliers).	6
6 régiments d'infanterie de ligne à 3 bataillons	18
1 régiment de fusiliers à 3 bataillons	3
2 bataillons de chasseurs.	2
	29

GRAND DUCHÉ DE MECKLEMBOURG

1 régiment de grenadiers à 3 bataillons.	3
1 — de fusiliers à 3 bataillons	3
1 bataillon de chasseurs	1
	7

DUCHÉS DE BRUNSWICK AVEC LE GRAND DUCHÉ D'OLDENBOURG ET LES PRINCIPAUTÉS DE RUDOLSTAD ET DE REUSS

1 régiment d'infanterie à 3 bataillons.	3

GRAND DUCHÉ DE HESSE

4 régiments d'infanterie à 2 bataillons	8
2 bataillons de chasseurs	2
	13

Les États appartenant à la confédération de l'Allemagne du Nord sont divisés en autant de districts militaires que l'armée fédérale compte de bataillons de la landwehr. Les officiers de ces bataillons qui touchent la solde en temps de paix sont le commandant du district, le capitaine d'armement et un adjudant, auxquels sont adjoints quelques sergents et caporaux comme scribes. Les devoirs du commandant du district consistent : 1° dans la bonne conservation de tout le matériel emmagasiné dans l'arsenal de la landwehr, vêtements, armement, et généralement tous les objets nécessaires en cas de mobilisation ; 2° dans son intervention comme président dans le conseil de recrutement, de l'armée et de la marine, avec les autorités civiles déléguées à cet effet sous le commandement du chef de brigade ; 3° dans la tenue exacte des listes portant tous les militaires résidant dans le district, par ordre de classes, de catégories, de corps ou d'instituts, auxquels appartiennent les hommes et l'indication des domiciles ; 4° dans la transmission des ordres de convocation, dans l'acquisition des chevaux nécessaires à une mobilisation ; 5° enfin dans la direction du groupement et de la formation du bataillon landwehrien.

En cas de mobilisation le commandant du district n'entre pas en campagne et reste au siège de sa résidence ; il s'occupe de tout ce qui est nécessaire et de tout ce qui a trait à ses fonctions pendant la durée de la guerre.

Les cadres de la landwehr sont formés avec les officiers qui ont quitté l'armée permanente et sont encore en âge de servir, avec ceux qui, comme nous l'avons expliqué, sont entrés dans l'armée comme volontaires et après avoir subi leurs examens ont été déclarés aspirants officiers, et qui, n'ayant pas poursuivi leur carrière militaire, se sont retirés dans leurs foyers. En temps de paix les officiers de la réserve et les aspirants officiers, bien que ne recevant pas de solde, sont convoqués au printemps pendant deux semaines avec quelques compagnies de landwehr afin de conserver les connaissances acquises. Les charges de commandant de district sont données à des colonels, à des lieutenants-colonels, à des majors, et quelquefois, mais peu souvent, à des capitaines d'un âge avancé, pour lesquels le service actif devient trop pénible.

A chaque régiment d'infanterie de l'armée fédérale correspond un autre régiment de landwehr qui porte le même numéro et la même dénomination provinciale ; le régiment de landwehr n'est formé qu'à deux bataillons, mais dans différents districts un autre bataillon de réserve est organisé avec les hommes des dernières classes. Dans le grand duché de Hesse et en Saxe, pays dans lesquels la formation de la landwehr date de peu de temps, il n'a pas été possible de remplir complètement les cadres de ces corps qui sont formés annuellement avec les hommes qui ont terminé leur service dans l'armée active.

Les quatre régiments de la landwehr de la garde n'ont pas de chef-lieu de district territorial et sont formés de tous les individus qui ont fait leur service dans les régiments de cette même garde.

La composition de l'infanterie de la landwehr fédérale est la suivante :

	bataillons.
2 régiments d'infanterie de la garde royale de Prusse à 3 bataillons	6
2 régiments de grenadiers de la garde à 3 bataillons	6
93 régiments de la landwehr provinciale à deux bataillons.	186
12 bataillons de réserve	12
2 bataillons de Hesse	2
	212

CHAPITRE IX

CAVALERIE

La cavalerie de l'armée active de l'Allemagne du Nord se compose de 76 régiments à 5 escadrons, ce qui forme un total de 380 escadrons [1].

Les cinquièmes escadrons ne font pas campagne, ils restent en garnison au lieu de résidence de chaque régiment pour combler les vides et ont aussi pour mission de donner leurs propres chevaux disponibles en échange des chevaux hors de service des autres escadrons. La création du cinquième escadron date de la campagne de 1866, dans laquelle l'expérience a démontré que les chevaux que l'on nomme en Allemagne « d'augmentation » et que l'on achète au moment même de compléter la cavalerie des régiments, sont très promptement hors de service parce qu'ils ne sont accoutumés ni aux fatigues qu'ils ont à supporter, ni à la ration réglementaire.

Chaque régiment est commandé par un colonel ou un lieutenant-colonel; de plus il compte un major chargé du détail, un adjudant du grade de lieutenant en premier ou en second, un porte-drapeau, un chef d'escadron et quatre capitaines qui sont à la tête des cinq escadrons, cinq lieutenants, dix lieutenants en second, un officier comptable, deux médecins, 697 soldats et 672 chevaux, sans compter les chevaux des officiers. Sur le pied de guerre, le nombre des hommes est porté à 777 et celui des chevaux à 742, soit pour l'effectif des hommes 80 en plus, et pour celui des chevaux 70. En colonne la cavalerie allemande n'a ni batteurs d'estrade ni flanqueurs. En tête du régiment marchent les trompettes et la musique qui se sert des mêmes instruments qu'en Espagne; il n'y a qu'une exception pour la Garde du corps, laquelle possède des timbales en argent qui sont placées dans l'antichambre du roi au pied des étendards et que vient déposer ou prendre le timbalier, aidé d'un autre musicien, quand le drapeau du corps est pris ou rendu.

Les régiments de cavalerie sont numérotés de la même façon que ceux de l'infanterie, et portent par conséquent la dénomination de la province à laquelle ils appartiennent; par exemple : premier régiment de dragons hanovriens numéro 9, second régiment des dragons de Brandebourg numéro 12.

Les hommes choisis pour le service de la cavalerie

et les volontaires des États qui ne fournissent pas de contingent à cette arme sont incorporés dans les régiments dont le lieu de garnison est le plus proche de leur domicile.

La différence entre la cavalerie légère et la grosse cavalerie est très marquée, car suivant qu'on les destine à l'une ou à l'autre, les chevaux et les hommes sont choisis avec le plus grand soin ; pour ces derniers on n'a pas égard seulement à la taille et à la force de complexion, mais encore à l'intelligence.

La grosse cavalerie a un équipement approprié à l'attaque en colonnes serrées.

Bien que la cavalerie légère puisse s'employer également à cette formation de combat, son principal service consiste dans les courses en avant, dans les reconnaissances, les découvertes, et enfin dans toutes les opérations qui peuvent assurer la sécurité de l'armée, découvrir les mouvements de l'ennemi et indiquer ses positions.

Pendant la guerre de 1870 on a remarqué avec quelle facilité une quantité considérable d'éclaireurs rayonnaient autour de l'armée allemande. Ces éclaireurs se montraient au nombre de quatre ou de six, fouillant les bois, explorant les routes dans un pays inconnu pour eux; ils se repliaient avec promptitude sur les corps d'armée pour faire leur rapport, se tenant pour ainsi dire invisibles et éloignés des populations : ces troupes qui allaient éparpillées et disséminées ont contribué puissamment au succès des opérations allemandes.

Ces partisans auraient-ils pu faire ce service difficile s'ils n'avaient pas eu une instruction bien préparée, et si l'arme à laquelle ils appartenaient n'avait pas possédé les conditions indispensables qu'exigeait un tel but.

Ce qui peut paraître singulier, c'est que les Allemands avaient agi de même en Bohême en 1866, et que les Français qui se préoccupèrent tant de cette campagne, n'attachèrent pas grande importance à cette particularité et ne surent pas en tirer profit. Si l'armée française avait eu des régiments de cavalerie pouvant fournir des explorateurs bien instruits et bien au courant de ce service, elle n'aurait pas eu plusieurs fois ses divisions surprises au moment où elles faisaient la soupe ou pendant qu'elles dormaient sous la tente. Ces faits montrent malheureusement l'infériorité de l'organisation française à cette époque, infériorité impardonnable étant donnée l'aptitude militaire indiscutable de cette nation.

Les régiments de cavalerie légère sont armés de carabines rayées se chargeant par la culasse; cette arme à tir rapide sert aux hommes non seulement à faire des signaux et à se défendre lorsqu'ils vont par petits partis, mais encore lorsque la cavalerie remplace l'infanterie, elle leur est d'une grande utilité. En effet un escadron mettant pied à terre peut faire l'office d'infanterie, et très bien surprendre un village découvert ².

Les cuirassiers sont véritablement la grosse cavalerie en Allemagne.

Les uhlans ou lanciers, bien que montant des chevaux d'une bonne vitesse, forment une catégorie intermédiaire. Pendant la campagne de 1870 ils ont continuellement fait le service des reconnaissances conjointement avec la cavalerie légère, laquelle se compose des hussards et des dragons qui, ayant le même armement, diffèrent entre eux seulement par l'uniforme.

En général le cavalier allemand est bien monté, et cela grâce à l'intelligence et à la persévérance avec lesquelles on s'est appliqué à améliorer la race chevaline, soit chez les éleveurs, soit dans les haras de l'État, principalement en Prusse, en Mecklembourg et en Hanovre. Le cheval nord-allemand est d'un type excellent, agile, docile, et offrant beaucoup de résistance aux fatigues ; il a fait ses preuves aussi bien pendant la campagne de 1866 que pendant celle de 1870. Cependant les chevaux de la garde impériale française pouvaient leur être avantageusement opposés, ainsi que ceux des régiments montés sur des arabes pur sang.

L'État fournit les chevaux de remonte à la troupe, aux lieutenants, aux lieutenants en second d'artillerie montée et de cavalerie, et aux officiers d'infanterie de même grade qui sont aides-de-camp des généraux. Les chevaux doivent servir neuf ans, ce qui fait qu'annuellement, en temps de paix, on renouvelle la neuvième partie de l'effectif de chaque corps, les chevaux d'officiers cependant ne servent que cinq ans. Ces animaux sont acquis par des commissions de remonte qui les achètent sur les marchés publics. Le passage d'une commission est annoncé à l'avance pour que connaissance complète en soit donnée aux éleveurs et aux marchands. Les chevaux achetés passent immédiatement, selon le district dans lequel ils ont été acquis, dans l'un des sept dépôts de remonte établis dans le nord de l'Allemagne. Ils y passent sept mois et demi dans les écuries et quatre mois et demi dans les pâturages, avant d'être répartis entre les divers régiments. Pendant le temps que les commissions s'occupent à faire les achats nécessités par les exigences de l'année suivante, chaque régiment envoie sous le commandement d'un officier le nombre d'hommes nécessaire pour recevoir les chevaux qui lui sont destinés.

Afin que l'on puisse réunir promptement en temps de guerre les chevaux nécessaires à l'armée, tous ceux du pays dans chaque district militaire, sont portés sur des listes de statistique générale qui se font de deux en deux années; on y indique l'âge du cheval, son poil, ses signes particuliers, le nom du propriétaire, les marques de l'écurie et le parc d'élevage. Lorsque l'ordre de mobilisation est lancé, un avis enjoint à tous les propriétaires dont les chevaux sont jugés bons pour le service d'avoir à les présenter dans les mêmes endroits où se tiennent en temps de paix les commissions de remonte. Jusqu'en 1866 les commissions de remonte devaient taxer les chevaux et ne point les payer plus de 200 thalers (700 fr. environ). Bien que cette moyenne ne paraisse ni injuste ni vexatoire, sous le prétexte que toute la charge de cet ordre de choses retombait sur les chevaux de luxe, on a aboli cette manière de faire en 1870. Désormais on ne prend plus ordinairement les chevaux d'un prix élevé, et cela n'est pas d'un grand inconvénient, car dans chaque district le nombre des chevaux cotés au prix ordinaire est suffisant; et dans le cas où il est nécessaire de recourir à des chevaux estimés très chers par leurs propriétaires, on les paie à leur valeur, chaque partie nommant un arbitre, et un tiers arbitre étant nommé lorsque l'entente n'a pas eu lieu entre les deux premiers. Le gouvernement a pensé que cette augmentation de dépenses pour le trésor public était préférable au préjudice que pouvaient causer à l'élevage national d'aussi dures conditions ; heureusement pour l'État, la quantité des chevaux d'un prix ordinaire est assez considérable pour qu'il n'ait pas besoin d'avoir recours aux bêtes d'un prix élevé.

Voici la composition de la cavalerie active [3] :

PRUSSE :

	Escadrons.
1 régiment de gardes du corps.	5
1 régiment de cuirassiers de la garde.	5
2 régiments de dragons de la garde.	10
1 régiment de hussards de la garde.	5
3 régiments de uhlans de la garde.	15
8 régiments de cuirassiers	40
17 régiments de dragons (un à 4 escadrons).	84
16 régiments de hussards.	80
16 régiments de uhlans.	80
	324

ROYAUME DE SAXE

4 régiments de dragons.	20
2 régiments de lanciers.	10

GRAND DUCHÉ DE MECKLEMBOURG

2 régiments de dragons.	10

DUCHÉ DE BRUNSWICK

1 régiment de hussards.	5

GRAND DUCHÉ DE HESSE

2 régiments	10
Total général	379

L'organisation du régiment des gardes du corps mérite une mention spéciale. Il est presque toujours commandé par un colonel; deux majors sont chargés du détail, deux autres majors et huit capitaines sont à la tête des dix pelotons qui forment les cinq escadrons; la condition des soldats, des brigadiers et des sous officiers, est la même que dans le reste de l'armée, ils sont choisis cependant dans tout le royaume de Prusse parmi les hommes de la plus haute stature. En temps de paix trois escadrons tiennent garnison à Potsdam, un à Berlin, un autre à Charlottembourg qui est une très ancienne résidence royale à trois kilomètres de Berlin; en temps de guerre trois escadrons suivent le roi. Les gardes du corps font le service à pied dans les grandes réceptions et dans les bals, placés en sentinelles aux portes des salles et dans les escaliers du palais royal; ils font le service à cheval dans les grandes fêtes toutes les fois qu'ils forment l'escorte du roi.

L'uniforme se compose d'une tunique de drap blanc, de culottes de peau blanches, de hautes bottes, et pour les jours de gala d'une cuirasse et d'un casque d'acier blanc bruni avec des ornements dorés et des plumes blanches : pour les jours de deuil le casque est d'acier foncé avec des plumes noires. Les officiers de ce corps ont pour les bals et réceptions de la cour un uniforme spécial, sans cuirasse, la tunique écarlate, le pantalon blanc, et le casque empanaché.

La landwehr a 46 régiments à quatre escadrons.

	Escadrons.
2 régiments de la garde de Prusse.	8
8 régiments de cuirassiers	32
4 régiments de dragons.	16
12 régiments de hussards.	48
8 régiments de uhlans.	32
12 régiments de réserve.	48
	184

Pendant la guerre de 1870 on a formé quatre régiments de plus.

CHAPITRE X

ARTILLERIE

L'artillerie en Allemagne est dirigée par un directeur, assisté de deux commissions composées d'officiers supérieurs de l'arme.

Les différents emplois de l'artillerie, son objectif, la diversité des pièces, la manière de s'en servir, et les théories distinctes enseignées aux artilleurs ont fait diviser les régiments en deux catégories : artillerie de campagne et artillerie de siége, et la première se subdivise encore en artillerie montée et artillerie à pied. Cette distinction, à la vérité, n'existe que pour les hommes, tous les officiers faisant les mêmes études et passant indifféremment d'un corps à un autre selon les besoins du service.

Toute l'artillerie de campagne de l'armée fédérale est pourvue de pièces de quatre et de six rayées, en acier fondu et se chargeant par la culasse. Les projectiles sont oblongs, en forme d'ogive ; l'intérieur est chargé de poudre, et ils sont à percussion, ce qui fait qu'ils n'éclatent que lorsqu'ils rencontrent en tombant une résistance assez grande pour que l'aiguille percutante puisse produire l'inflammation ; lors de l'éclatement, les ravages produits par les morceaux de fonte sont considérables [1].

On se sert également d'un projectile à mitraille nommé schrapnels, de forme également oblongue, chargé de poudre et de mitraille ; ces obus lancés à de grandes distances, en éclatant au-dessus des colonnes ou des rassemblements de troupes, lancent la mitraille qu'ils contiennent comme une pluie de fer. Ces boîtes à mitraille sont munies d'une fusée, en fer à la partie extérieure et intérieurement en étain et laiton ; cette fusée est adaptée à un clou à vis au moment du chargement ; elle est graduée suivant la distance du tir au moyen d'un cran mobile numéroté et divisé par des raies. Au moment précis où l'explosion doit avoir lieu, la composition fulminante, brisant une cloison très mince en étain, communique le feu à la poudre. Dans le cas où la graduation aurait été mal faite et que le projectile n'éclaterait pas en l'air, un appareil de percussion adapté à la fusée produit le résultat désiré lorsque l'obus, en tombant, rencontre un corps dur. Ces obus s'appellent projectiles à temps.

Les projectiles de l'armée allemande sont fabriqués dans les ateliers pyrotechniques de Spandau ; ces ateliers, situés dans l'intérieur des fortifications de cette place forte, sont établis d'après un système excellent ; chacun d'eux est construit sur des îlots situés dans un lac, ils communiquent entre eux seulement au moyen de ponts-levis ; la fabrique de poudre se trouve sur une langue de terre. Le secret gardé pour la composition des matières inflammables qui servent aux mèches des fusées est tel, qu'il est très dangereux de pénétrer dans le laboratoire chimique où l'on traite ces matières, et qu'il est défendu sous les peines les plus sévères d'y pénétrer, même aux officiers d'artillerie, s'ils ne sont pas attachés aux ateliers.

Le ministre de la guerre donne pour les visiter quelques permissions absolument personnelles ; sur la recommandation de M. le ministre d'Espagne, M. de Rascon, on en a permis la visite au commandant d'artillerie espagnol Gonzalès Valesco qui est une autorité en matière de métallurgie et de fonte. Il a pu s'entretenir avec les principaux professeurs allemands, et avec des maîtres forgeurs et fondeurs pleins d'expérience et de pratique. Les ateliers ont également ouvert leurs portes au capitaine Plasencia qui se distingue par ses connaissances spéciales dans la construction des canons et par sa grande activité, et aussi à quelques autres officiers du corps d'artillerie et à quelques généraux et chefs de l'armée espagnole. Lorsque nous les avons visitées, ces fabriques en étaient arrivées au dernier degré de perfection ; elles étaient pourvues de machines à vapeur d'une force énorme, usaient de procédés ingénieux pour moudre la poudre, l'épurer et la presser en forme de prisme, procédé qui rend l'explosion plus violente, la déflagration des gaz plus complète et la détérioration de l'âme des canons moins grande. Les explications sur tous les détails de la fabrication des canons nous ont été donnés avec une parfaite intelligence et une grande simplicité par les officiers, dont la majeure partie sont des professeurs distingués. On ne sait vraiment qu'admirer le plus, ou les efforts extraordinaires que fait la science pour arriver à la destruction du genre humain, ou la stoïque indifférence des officiers et des ouvriers qui, continuellement en contact avec la mort, passent leur vie au milieu des chaudières à vapeur, des poudres et des matières fulminantes, toutes choses qui pourraient faire explosion par leur simple contact entre elles.

L'artillerie à pied a généralement pour mission de donner aide à l'infanterie, et l'artillerie montée de protéger la cavalerie, ou d'accourir, grâce à sa plus grande facilité de déplacement, des points où elle est en réserve aux endroits où un effort est nécessaire et urgent; l'une et l'autre constituent l'artillerie de campagne.

La confédération compte un régiment de la garde royale prussienne et douze autres régiments qui sont dénommés suivant le nom de la province ou du pays où ils sont recrutés; enfin il y a une section dans le grand duché de Hesse.

En temps de paix chaque batterie de campagne possède quatre pièces avec ses attelages, et six sur le pied de guerre. Les batteries armées de pièces de quatre sont principalement destinées aux combats mouvementés, et celles munies des pièces de six, dont l'effet est supérieur, sont employées aux combats de pied ferme et à certains services qui demandent un effort constant, comme la prise de tranchées, la destruction de barricades, de constructions, et la démolition de parapets. Cependant la différence entre les deux calibres, aussi bien sous le rapport de la facilité de déplacement que sous le rapport de l'effet matériel, n'est pas si considérable que l'un ou l'autre ne puisse être également employé pour le même objectif. Pendant la campagne de 1870 les canons de six ont servi quelquefois pour tirer sur les places assiégées avant la mise en position de la grosse artillerie de siège.

Le régiment d'artillerie de campagne prussien compte trois sections à pied, chacune avec deux batteries de six et deux de quatre; et une section montée avec trois batteries de quatre, ce qui fait pour tout le régiment 15 batteries. L'artillerie de campagne prussienne a donc 180 batteries soit 720 pièces en temps de paix.

Le régiment d'artillerie de campagne du royaume de Saxe a quatre sections à pied, avec huit batteries de six et six de quatre; et une section à cheval, avec deux batteries de quatre; en tout 16 batteries et 64 pièces.

La section de Hesse a deux batteries à pied de six, trois également à pied de quatre, et une montée de quatre, ce qui donne 6 batteries et 24 pièces.

L'artillerie de campagne de l'Allemagne du Nord compte donc sur le pied de paix 202 batteries et 808 canons; comme en temps de guerre le nombre des pièces de chaque batterie est porté à six, et que particulièrement en Prusse chaque régiment est augmenté d'une batterie montée, il en résulte que l'effectif de l'armée fédérale, en campagne, s'élève à 214 batteries et 1284 canons [2].

Les contingents d'artillerie des deux Mecklembourg qui forment une section complète à pied, de l'Oldenbourg qui possède deux batteries à pied, et du Brunswick qui fournit une batterie à pied, sont fondus dans les régiments prussiens limitrophes.

Un régiment d'artillerie de campagne se compose

de 1500 hommes et 696 chevaux de trait ou de selle; il est commandé par un colonel, et quelquefois mais rarement, par un lieutenant-colonel. Les autres officiers sont 3 lieutenants-colonels, 3 majors, 20 à 22 capitaines, 14 à 16 lieutenants et 32 à 34 lieutenants en second ; le nombre des officiers de ces trois dernières catégories est arbitraire et dépend surtout de l'avancement. En somme l'état-major du régiment doit se composer de 7 officiers supérieurs, d'un adjudant-major du grade de lieutenant ou de lieutenant en second, d'un adjudant pour chaque section, et de 72 officiers; enfin à chaque régiment sont attachés huit médecins, deux ou trois vétérinaires et un comptable.

L'artillerie de siège se compose de 10 régiments dont un de la garde royale, appartenant tous au royaume de Prusse, les contingents des États secondaires fournissent trois sections et le royaume de Saxe une; chaque section étant formée de deux compagnies, l'artillerie de siège de l'Allemagne du Nord compte donc 88 compagnies. Le régiment a 800 soldats, et son état-major se compose d'un colonel ou d'un lieutenant-colonel commandant, de 6 majors, 12 capitaines, 8 lieutenants et 22 lieutenants en second.

Les pyrotechniciens font partie des états-majors des régiments et des sections; à eux est dévolu le soin de fabriquer et de garder les munitions de l'artillerie de campagne et de l'artillerie de siège.

L'artillerie de siège bien qu'ayant pour objectif de démolir des remparts, de détruire des casemates et d'anéantir des batteries, est aussi employée contre des colonnes de troupes; ainsi que l'a fait Werder contre l'armée du général Bourbaki. Elle est armée de canons rayés de 6,12 et 24, de canons à âme lisse de 6 et 12, et de mortiers numérotés de 7 à 50 ; les mortiers lisses lancent en élévation des bombes qui par leur propre poids détruisent les édifices en tombant et éclatent ensuite.

Le système des pièces rayées pour les mortiers n'a encore été mis en pratique par aucune autre armée, et l'artillerie prussienne en l'adoptant a augmenté considérablement la certitude du tir et la portée dans les feux obliques ou par élévation.

Ces mortiers rayés se chargent par la culasse et lancent des bombes énormes à une hauteur de 5000 pieds, ce qui peut donner une idée de l'effet qu'elles produisent en tombant ; elles sont presque toujours munies d'une fusée à percussion destinée à les faire éclater au moment de la chute. Cette fusée est en fer et se compose de trois pièces venant s'emboîter sur une vis ; dans ces trois pièces se trouve l'appareil de percussion, si délicat et si sensible que le moindre choc produit l'inflammation. Pour que cette inflammation ne se produise qu'à la chute du projectile et que l'éclatement ne puisse avoir lieu entre les mains des artilleurs, ou dans l'âme de la pièce, ou bien encore lorsque la bombe sort du mortier, une petite barrette en fer introduite dans un trou diagonal sépare les deux matières fulminantes. Cette barrette se maintient dans sa position normale pendant la manœuvre et pendant la charge, mais lorsque la bombe sort de la gueule du mortier et qu'elle est lancée dans les airs animée d'un mouvement giratoire, alors les deux parties de l'appareil fulminant se trouvent presqu'en contact et tellement rapprochées, qu'il suffit que la marche parabolique soit un seul instant interrompue pour que l'inflammation se produise; cependant l'éclatement définitif n'a lieu qu'au bout de quelques secondes afin que tous les résultats de destruction puissent être obtenus.

La Prusse possédait avant le commencement des hostilités un train d'artillerie de siège considérable réparti entre trois dépôts, à Magdebourg, Wesel et Coblentz, et lorsque la guerre fut commencée cette masse d'artillerie fut quadruplée. Les ateliers de Spandau qui sont les grands fournisseurs de ces engins de destruction fondirent et tournèrent des pièces énormes en bronze des calibres les plus formidables.

Dans ces ateliers sont aussi fabriqués les avant-trains d'artillerie, les affûts, les selles pour la cavalerie, les harnais, les caissons de munitions pour l'infanterie, les voitures d'ambulance et tous les chariots militaires ; on peut fournir 120 véhicules par jour, sans que la marche normale des ateliers soit entravée. Cette fabrication est dirigée par un capitaine d'artillerie ayant sous ses ordres deux sergents du même corps et divers maîtres ouvriers civils de différents corps de métiers. Selon les rapports officiels il appert que vers le milieu de novembre 1870, toutes les matières premières en état d'être travaillées qui se trouvaient dans les magasins avaient été employées, et celles qui n'étaient pas assez sèches et propres à la fabrication avaient été séchées artificiellement dans d'énormes séchoirs couverts ; c'étaient là les réserves pour quinze années. On peut se rendre compte de l'effort que fit l'Allemagne pendant cette campagne d'après ce simple fait.

Dans cet effort de la puissance germanique, dans sa longue préparation à la lutte, dans ses profondes études scientifiques, il faut chercher les causes de la défaite de la France, plus encore que dans le grand nombre des ennemis. Les Allemands ont élevé l'art de la guerre à la hauteur d'une science mathématique, prévoyant tout, ne laissant rien au hasard, combinant leurs plans, et tâchant de prévoir toutes les conjonctures possibles.

Les ateliers de Spandau sont une preuve de cette prévoyance. Là tout est fait en vue de produire le plus rapidement possible et dans les meilleures conditions de bonne œuvre. La science humaine y a entassé ses machines à vapeur, ses fourneaux, ses scies, ses grues élévatoires ; les ouvriers qui les font mouvoir sont pratiques et instruits, et depuis de longs jours au courant de leurs travaux.

C'est à Spandau que sont entassés en piles énormes les canons pris pendant la campagne de France ; il y en a de tous les calibres, depuis le simple canon de bronze jusqu'à la grosse pièce de marine. Ils dorment là immobiles, comme un témoignage de la rage humaine qui pousse les hommes à se détruire.

Près de 20,000 voitures militaires de même provenance sont aussi dans la fabrique, mais les Prussiens trouvant leur construction imparfaite ne s'en sont servi que pour le transport des fers et des houilles.

L'aspect de Spandau au moment de la déclaration de guerre et pendant toute sa durée présentait bien l'image de la préparation à la destruction par son activité dévorante et ses ateliers en mouvement sans trêve ni repos ; on ne pouvait s'empêcher de faire de douloureuses réflexions en considérant combien la France était moins bien préparée à la guerre et moins bien armée.

L'artillerie des côtes et de marine est également

fabriquée à Spandau. Pendant le siège de Paris les Prussiens mirent en position devant cette place des pièces de cette sorte des calibres 48 et 72 pour contrebalancer l'effet des canons de marine dont les Français se servaient, de sorte que dans un combat absolument terrestre on vit les deux nations user d'artillerie de marine.

Pour déterminer le calibre des canons nous nous sommes servi des termes techniques usités aussi bien en Allemagne qu'en Espagne, mais nous donnerons quelques explications complémentaires pour les personnes étrangères à la question. On entend par le mot calibre le diamètre intérieur du canon, c'est-à-dire du tube que les artilleurs dénomment âme.

L'expression calibre de quatre ou de six n'est nullement tirée du poids du projectile; cette dénomination date de l'époque où les canons lisses étaient chargés de boulets ronds et elle est restée usitée par tradition dans les termes de l'artillerie moderne.

Les projectiles oblongs des pièces rayées en usage aujourd'hui sont d'un poids environ double du numéro du calibre; cette désignation impropre a sans doute motivé ce fait que dans l'armée fédérale on ne désigne plus les pièces par ces appellations de quatre ou de six, mais par les noms de légères ou de lourdes, ces indications déterminant le calibre. Le calibre de quatre équivaut à un diamètre de l'âme de huit centimètres et le projectile pèse huit livres deux onces; le calibre de six signifie neuf centimètres et l'obus a un poids de treize livres quatre onces.

Il est incontestable que les canons allemands se chargeant par la culasse ont une plus grande portée et une justesse dans le tir plus régulière que les canons se chargeant par la gueule. Les pièces de quatre et de six peuvent porter à 5000 pas, mais à une aussi grande distance la rectitude du tir est fort difficile et on ne canonne à cette portée que les grandes masses; à 2500 pas le tir devient plus facile contre les partis d'infanterie et de cavalerie. On peut en dire autant des calibres plus forts; les canons de 24 peuvent lancer leurs énormes projectiles jusqu'à 8000 pas, aussi les emploie-t-on surtout pour les sièges de places fortes.

Comme on a remarqué que les canons à âme lisse sont supérieurs aux canons rayés pour lancer la mitraille on en a placé un certain nombre dans les ouvrages des forteresses allemandes, enfilant les lignes courtes des fossés, et pouvant aussi défendre vigoureusement une brèche au moment de l'assaut.

Comme l'armement de toute l'armée est confié aux soins de l'artillerie, nous dirons quelques mots rapides à ce sujet. L'infanterie est armée du fusil à aiguille Dreyse qui a quatre modèles; le premier modèle, celui de 1862, avec quelques modifications de détail, sert pour la majeure partie des corps ordinaires, sa bayonnette triangulaire doit constamment rester fixée au canon, le soldat porte en outre un petit sabre ; le deuxième modèle dont sont armés les fusiliers a un canon un peu plus court mais le calibre est le même, il n'a pas de bayonnette et l'homme est muni d'un sabre-bayonnette qui s'adapte au fusil seulement dans les charges ; le troisième modèle, qui est en usage dans les chasseurs et le bataillon des tirailleurs de la garde, est de la même forme et de la même grandeur que la carabine Minié et est pourvu d'une hausse identique, les soldats portent une espèce de couteau dont ils se servent uniquement pour les charges ; enfin le quatrième modèle, semblable au précédent, est destiné aux sapeurs qui sont de plus armés d'un sabre court et droit dont le dos de la lame est en forme de scie. Le fusil de rempart, également à aiguille, n'est utilisé que pour armer certains détachements dans les places assiégées et n'est distribué qu'en cas de nécessité ; chaque place forte est munie d'un certain nombre de ces fusils, qui pèsent beaucoup plus que les fusils ordinaires et ont une portée de 2000 pas. Les cuirassiers sont armés d'un sabre à lame droite et épaisse, d'un pistolet, d'une cuirasse et d'un casque en fer ; les lanciers ou uhlans portent un sabre recourbé et une lance ornée d'une flamme aux couleurs nationales, ils sont coiffés du chapka; les hussards ont pour armement un sabre courbe comme les uhlans et une carabine à aiguille; les dragons ont les mêmes armes, avec un uniforme qui diffère de celui de l'infanterie seulement par les couleurs.

Il nous reste à parler de la section des pyrotechniciens qui n'appartiennent à aucun des corps dont nous avons parlé jusqu'ici, mais à l'armée en général, et des officiers et sous-officiers du train qui proviennent de l'artillerie. La section pyrotechnique est à demeure à Spandau et y est chargée de la fabrication des objets qui demandent des connaissances spéciales : les mèches pour les fusées des Schrapnels, les fusées éclairantes, les fusées incendiaires, et les fulminates pour les capsules. Les officiers du train sont tantôt dans les places fortes, tantôt dans les corps d'armée sous les ordres des officiers supérieurs d'artillerie, et s'occupent entre autres choses de l'entretien des canons et des armes de tout genre.

CHAPITRE XI

GÉNIE.

L'arme du génie en Prusse est sous la direction d'un inspecteur général, lequel est aidé dans ses fonctions par un conseil consultatif; l'état-major se compose d'officiers choisis avec soin.

Le corps du génie est divisé en quatre inspections qui forment un total de 12 bataillons, dont un de la garde royale[1]. En temps de paix un territoire défini est assigné à chaque inspection, laquelle compte de 18 à 20 capitaines, un même nombre de lieutenants et 40 lieutenants en deuxième ; comme chaque inspection compte trois bataillons, un nombre suffisant d'officiers est chargé de leur commandement, et le surplus est employé aux travaux de l'arme. Lorsqu'un officier fait partie d'une inspection il y reste toujours jusqu'au moment où il passe à un grade supérieur, et ne peut la quitter que dans des cas excessivement rares pour des causes tout à fait exceptionnelles. Quand on lui confie une chaire dans une école militaire, la confection d'un ouvrage de génie quelconque, une mission scientifique en Allemagne ou à l'étranger, ou tout autre emploi, il est simplement détaché et revient dans son territoire primitif aussitôt sa mission remplie [1].

Le royaume de Saxe a un bataillon du génie organisé sur les mêmes bases.

Le commandement supérieur du génie qui est stationné dans une place et les détails de l'instruction sont toujours dévolus à l'officier chef de l'arme dans cette même place, et c'est lui qui ordonne et dirige les travaux de fortification. En campagne le génie d'une armée, d'un corps d'armée, d'une division ou d'une brigade est toujours centralisé entre les mains d'un officier commandant.

Excepté pour les ouvrages servant à l'établissement des batteries, lesquels sont toujours faits par l'artillerie, le génie en campagne dresse les plans de tous les ouvrages de fortification et les exécute aussi bien pour l'attaque des places fortes que pour la défense même de l'armée, que ce soient des travaux de fortification permanente ou passagère.

Les soldats du génie, en outre des instruments spéciaux, portent un sabre et sont armés de la carabine, car il leur arrive de combattre dans certains cas.

absolument comme l'infanterie. Le bataillon compte deux compagnies de sapeurs, une de mineurs, et une de pontonniers ; il fournit en outre en campagne le personnel qu'exigent quelquefois les services des télégraphes et des chemins de fer.

Chaque bataillon compte 18 officiers, avec 500 hommes sur le pied de paix et 600 sur le pied de guerre. Les hommes sont choisis parmi les ouvriers des différents corps de métiers en rapport avec les besoins de cette arme spéciale, comme charpentiers, maçons, menuisiers, mineurs et bateliers.

Pendant la campagne de 1870 ce corps a donné de grandes preuves de capacité et a rendu de grands services, principalement devant Strasbourg, Metz et Paris ; Strasbourg notamment, admirablement défendue, fortifiée d'une façon complète, semblait devoir arrêter longtemps les efforts des assaillants, et l'on prétendait que la première parallèle ne pourrait être établie avant six semaines et même deux mois ; ce qui n'a pas empêché qu'en vingt-six jours, deux brèches étaient pratiquées. Sans doute les efforts du génie furent grands, mais il ne faut pas oublier que la portée des canons amenés devant la place était considérable ; il ne faut point oublier non plus que la ville ne fut pas seulement prise par la force, mais que l'on s'en rendit maître par la famine, alors qu'elle avait subi pendant de longs jours un bombardement formidable et que la moitié de ses monuments étaient devenus la proie des flammes. Sous Metz les travaux du génie furent également fort remarquables, car non seulement le génie s'employa à construire des tranchées d'approche contre les lignes françaises, mais il construisit encore les baraquements où s'abritèrent les troupes allemandes. Devant Paris la tâche, bien que considérable fut peut-être moins inportante, car le siège de la ville fut plutôt une suite d'opérations militaires conduisant au blocus complet, qu'un siège proprement dit. On pensait en effet qu'on ne pouvait investir complètement une cité de 2,000,000 d'habitants, ayant une ceinture fortifiée et une ligne extérieure de forts, ce qui rendait le périmètre considérablement étendu ; mais cette pensée était erronée, car les Allemands, avec les 200 000 hommes qu'ils comptaient à peine avant la reddition de Metz, réussirent à tenir en respect les forces venant de l'extérieur, empêchèrent la sortie de toute âme vivante autrement qu'en ballon, et résistèrent à toutes les attaques des assiégés.

Cependant le génie exécuta des travaux très difficiles et très étendus. S'imagine-t-on le travail dépensé pour creuser des tranchées et exécuter mille autres travaux sur un développement de cent et quelques kilomètres à travers les bois, les champs, les jardins, au milieu des maisons de plaisance, des fermes, des fabriques, afin de rendre la situation inexpugnable contre un adversaire qui pouvait concentrer ses troupes sur un seul point et attaquer l'ennemi disséminé sur une aussi grande étendue ; et ne doit-on pas être surpris de l'habileté qu'il a fallu déployer, de la vigilance qu'il a fallu apporter pour enserrer Paris dans un cercle de fer pour ainsi dire invisible, au milieu de tant de difficultés et de dangers[3] ?

On doit ajouter que le contingent du génie n'aurait pu suffire à des travaux aussi considérables et qu'il a par conséquent reçu l'aide des fantassins. Ceux-ci en effet sont pourvus de haches, de pics et de pelles pour pouvoir, dans un cas pressé, lorsque le génie fait défaut, élever des fortifications passagères de peu d'importance.

En Espagne on suit à peu près le même système d'attaque qu'en Allemagne, et les connaissances solides et complètes du génie espagnol sont fort appréciées des Allemands, particulièrement dans les écrits de quelques officiers supérieurs badois qui suivent avec attention tous les ans les progrès de l'armée de la péninsule ibérique.

Lorsque le siège d'une place commence le commandant du génie choisit l'endroit le plus propice pour attaquer et détermine la première parallèle ; celle-ci consiste en un fossé de huit à dix pieds de largeur sur quatre à cinq de profondeur, parallèle généralement au front attaqué. La terre rejetée sur le devant forme parapet et abrite les tirailleurs et les canons qui se trouvent dans la tranchée. Dans l'intérieur de la parallèle, aux environs, ou en avant, sont construites les batteries qui contrebattent l'artillerie de la place. La première parallèle doit être ouverte à la plus grande proximité possible du front d'attaque, hors de portée des pièces de la place assiégée tirant à mitraille, c'est-à-dire à environ 800 pieds de la crête des glacis.

Il faut des accidents de terrain très favorables et des abris bien combinés pour que les travaux d'approche puissent se faire à une distance moins grande, et dans ce cas on peut arriver à n'ouvrir que deux parallèles au lieu de trois. On travaille à la première parallèle de nuit, en se cachant du mieux qu'on peut afin d'éviter les feux de l'ennemi, et le travail est suspendu si des fusées éclairantes sont lancées.

Lorsque la première parallèle est établie, on s'approche encore de la place assiégée en creusant une deuxième, et enfin une troisième qui presque toujours est au pied de la pente extérieure des glacis, c'est-à-dire à environ 100 pieds des fossés. Cette dernière doit être plus profonde que les autres, car étant plus rapprochée elle est plus exposée aux feux de l'ennemi, et de plus elle doit pouvoir contenir les colonnes d'attaque massées pour monter à l'assaut.

La sape est également un fossé différent des parallèles en ce sens qu'il est oblique et serpente en zigzags vers la ligne ennemie ; lorsque l'on y travaille de jour le péril est grand, car les cinq ou six sapeurs qui mènent la taille de la tranchée servent de point de mire à l'ennemi et sont obligés de placer des gabions en avant pour se couvrir. Dans les sapes et les tranchées des parallèles, on se garantit à mesure que l'on avance au moyen de fascines ou de sacs de terre.

De la troisième parallèle on pénètre jusqu'au pied de la crête des glacis par une galerie de sape renforcée et profonde ; de ce point on peut examiner la face de la fortification et canonner la base du rempart que l'on a choisi pour y pratiquer la brèche d'assaut et qui jusqu'à ce moment avait nécessairement échappé à l'examen complet de l'assaillant. Alors sont construites les batteries de brèche et les batteries qui contrebattent l'artillerie de la place, ces dernières ayant pour objectif d'éteindre le feu des pièces qui pourraient enfiler les fossés et lancer la mitraille sur les colonnes d'assaut. Lorsque le canon a ouvert la brèche les sapeurs préparent la descente facile du fossé, et s'il est plein d'eau y lancent un léger pont de poutrelles et de tonneaux ; lorsqu'au contraire le fossé contient peu d'eau, comme cela est arrivé devant Strasbourg, on y pratique un passage au moyen de fascines et de gabions jetés sur la vase.

Au siège de Strasbourg, les Allemands ont inauguré un nouveau système d'attaque qui était pour ainsi dire inconnu avant; nous voulons parler des batteries de démolition. L'attaque d'une place forte est dans la première période supérieure à la défense, offre des avantages considérables, et présente moins de dangers, parce que l'assaillant menace à la fois tout le front et peut concentrer ses feux sur un seul point, mais à mesure que le temps s'écoule et que les travaux d'investissement s'exécutent, la situation change peu à peu et la position des assiégeants dans la dernière parallèle devient fort difficile, car tous les efforts se concentrent en un seul point qui est la batterie de brèche et l'ennemi peut faire converger sur elle toute la puissance de ses feux, si bien que si la place est commandée par un homme de guerre énergique et expérimenté il devient excessivement périlleux et désastreux de construire les batteries de brèche. Pour éviter tous ces périls et tous ces travaux, aussi bien que pour gagner un temps précieux, les Allemands établirent devant Strasbourg à de grandes distances, en dehors même de la zone de la première parallèle, des batteries armées de gros canons rayés de 24 destinés à ouvrir la brèche au moyen du tir indirect, c'est-à-dire un tir dans lequel le point sur lequel on tire est invisible, et cela afin de démolir le rempart en le frappant à une certaine distance du terre-plein.

Mais il faut dans ce cas pour arriver à un résultat satisfaisant que le tir de l'artillerie soit d'une extrême précision à cause de l'éloignement et de la presqu'incertitude du point exact à atteindre [1].

Les équipages de ponts de l'armée fédérale diffèrent peu des équipages espagnols et français. Les barques sont légères avec un avant et un arrière fort effilés pour ne point présenter de résistance à l'action du courant; les madriers tous égaux sont disposés de façon à pouvoir s'emboîter de quelque bout qu'on les présente. Chaque chariot porte un bateau, un nombre défini de traverses et de soldats, et la composition de chaque train est formée de manière à pouvoir posséder le matériel nécessaire pour l'établissement de deux ou trois passages simultanés. En Allemagne on ne rencontre pas les mêmes difficultés qu'en Espagne pour le recrutement d'hommes habiles; car le pays couvert de fleuves navigables et de nombreux canaux, à ce point que presque toutes les villes ou villages possèdent un cours d'eau, fournit un très grand contingent de conscrits sachant manœuvrer un bateau. La conservation du matériel occasionne peu de frais parce que la chaleur et la sécheresse ne viennent pas à chaque instant le détériorer.

Pendant les manœuvres annuelles de l'armée fédérale les pontonniers s'exercent à construire et à enlever les ponts, et la cavalerie, l'infanterie et l'artillerie à les franchir; ces exercices se font comme si l'on était sous le feu de l'ennemi. Les premières travées établies sur le cours d'eau, on ouvre un feu simulé d'obus et de grenades sur la rive opposée pour la défense des travailleurs, et l'ouvrage avance ainsi jusqu'à ce que le passage soit possible, soit sur un point, soit sur plusieurs à la fois.

Le corps des pontonniers espagnols s'exerce aussi à Aranjuez, mais moins complètement car il agit seul sans le concours des différentes armes; aussi est-ce une faute, car le succès d'une bataille à un moment donné peut dépendre d'un passage heureusement et rapidement exécuté, et pour qu'il en soit ainsi il faut que l'artillerie avec ses impédimenta, l'infanterie et la cavalerie sachent quel est leur rôle pour la défense des ponts à établir, et quelle est la manière dont elles doivent s'y prendre pour passer avec rapidité et précision.

CHAPITRE XII

TRAIN

Le corps du train s'occupe de l'entretien des équipages militaires destinés au transport des munitions, des appareils télégraphiques, etc., et conduit les voitures d'ambulance. L'utilité en campagne de ce corps bien organisé est considérable, ayant dans ses attributions de veiller à ce que tous les services subalternes marchent méthodiquement, ce qui souvent évite bien des fausses manœuvres et peut empêcher quelquefois des déroutes désastreuses.

L'armée fédérale compte 13 bataillons du train qui correspondent comme ceux du génie aux treize corps d'armée. En temps de paix chaque bataillon a douze officiers, 500 hommes formant deux compagnies, 121 chevaux de trait et de selle et 24 voitures; le grand duché de Hesse fournit une section [1].

Les officiers, en outre du service des transports

dont ils s'occupent avec les troupes sous leur commandement, font encore la livraison des effets suivant les ordres de l'état-major, dirigent la marche des colonnes d'approvisionnements, placent et répartissent dans les cantonnements, dans les camps, en suivant les mouvements de l'armée, les convois de vivres formés de voitures réquisitionnées, louées ou achetées, les surveillent pour éviter les encombrements, supputent la charge que peut traîner chaque attelage ; enfin, conjointement avec l'administration militaire, s'occupent des remises et des demandes à faire et de tout ce qui peut avoir trait à ce sujet.

Si la tâche du train est grande pendant les mouvements des troupes, elle devient bien plus considérable si l'armée vient à s'emparer d'une ville ou d'un grand nombre de prisonniers. C'est à lui qu'incombe la charge de réunir toutes les armes que l'on peut trouver sur les champs de bataille ou dans les forteresses prises, de les trier, de les mettre en ordre, de les nettoyer d'une façon complète, de classer celles en état de servir, enfin de fournir un inventaire en deux exemplaires dont l'un est adressé au ministre de la guerre pour la direction de l'artillerie, et l'autre remis au général en chef.

CHAPITRE XIII

INFIRMIERS

Les compagnies d'infirmiers sont formées, aussitôt le décret de mobilisation lancé, avec les hommes de la landwehr des classes les plus vieilles, mais assez agiles et robustes; elles comptent 250 hommes et sont sous le commandement de trois officiers. Ces vétérans, intelligents et connaissant la pratique de leurs fonctions, vont au milieu du combat, sous le feu, porter aide aux blessés et les recueillir; pour cela ils sont munis de brancards légers qui leur servent à transporter les soldats atteints jusqu'aux voitures d'ambulance. Ces voitures sont à huit places pour ceux qui peuvent se tenir assis, contiennent quatre lits pour ceux que leurs blessures forcent à être étendus, et deux pour ceux dont les blessures sont d'une gravité exceptionnelle.

Cette institution humanitaire, qui a été d'une

grande utilité en rendant plus supportables les douleurs et les maux de la guerre, est aussi très profitable au point de vue purement militaire en faisant disparaître du rang les hommes blessés, et en évitant toutes les causes de perturbation et de défaillance que peut produire la vue des soldats atteints ; de plus les créneaux ne se produisent pas dans les feux de pied ferme, car on peut serrer immédiatement les files, les invalides étant enlevés sur le coup. Les infirmiers ont l'uniforme de la landwehr et portent le brassard de la convention de Genève.

La zone dans laquelle se fait le service des ambulanciers comprend tout le champ de bataille, c'est-à-dire depuis la première ligne, et depuis celle des tirailleurs s'il y en a, jusqu'à l'arrière-garde où se trouvent les ambulances. De ces ambulances les blessés sont transportés par le train, suivant les ordres du corps sanitaire qui dispose les convois, classant les hommes selon la gravité de leurs blessures et les dirigeant d'accord avec l'état-major sur tel ou tel point avec indication de la route à suivre par les convois.

CHAPITRE XIV

INVALIDES

L'Allemagne du Nord compte neuf établissements où les invalides militaires sont admis d'après une méthode semblable à celle suivie en Espagne ; la différence qui existe entre les deux nations est que le nombre des officiers invalides est bien moindre en Allemagne par rapport aux hommes de troupe, car dans ce dernier pays on peut se retirer dans ses foyers avec une pension qui est accordée si l'on veut bien renoncer au bénéfice de l'admission dans un des établissements de l'État.

L'hôtel des invalides de Berlin qui est extrêmement grand, avec des jardins tout autour, contient 400 invalides, et chacun des hôtels provinciaux, au nombre de huit, a de 100 à 120 hommes.

CHAPITRE XV

CONDAMNÉS

Les soldats qui ont commis des délits militaires et ont été condamnés aux travaux forcés par les conseils de guerre subissent leur peine dans des compagnies disciplinaires au nombre de 20 qui sont réparties entre 19 places fortes, sans que jamais les hommes qui en font partie puissent en franchir les murs.

Chaque compagnie est commandée par un capitaine ou un lieutenant; elle a en proportion du nombre d'hommes qui la composent le nombre réglementaire de sergents et de caporaux provenant comme les hommes des condamnés par les conseils de guerre.

En outre, à Wesel, à Neisse et à Torgau, il y a trois compagnies de condamnés militaires.

Ces trois compagnies sont formées avec les conscrits qui au moment d'entrer dans les rangs de l'armée étaient privés de leurs droits civils, et avec ceux qui en vue de se soustraire au service militaire se sont mutilés, ou ont contracté ou simulé des infirmités devant les exempter de l'obligation de servir ; on les appelle compagnies d'ouvriers, mais leur régime est absolument le même que celui des présidios espagnols, moins la chaîne.

CHAPITRE XVI

JUSTICE MILITAIRE ET TRIBUNAUX D'HONNEUR

La justice militaire est rendue suivant les mêmes règles en Allemagne et en Espagne.

Il y a des auditeurs de corps d'armée et de division. Dans chaque district militaire un tribunal semblable aux tribunaux espagnols fonctionne avec des notaires nommés par le ministre de la guerre.

Pour juger des délits purement militaires les conseils de guerre sont constitués et sont, suivant le cas, des conseils de garnison, de régiment, de division, ou de corps d'armée. Les membres de ces conseils sont nommés par les chefs de garnison, les commandants de régiment, et les généraux de division ou de brigade.

L'auditeur instruit le procès et soutient l'accusation dans les conseils de guerre de division ou de corps d'armée ; dans ceux de garnison ou de régiment, cette mission d'avocat général est dévolue à un officier.

Les officiers de chaque régiment, de chaque bataillon de chasseurs, du génie ou du train forment ce qu'on appelle un tribunal d'honneur pour juger ceux de leurs camarades qui ont manqué à l'honneur.

Il faut dire que ces tribunaux dont la sentence est inexorable et sans appel, le roi de Prusse lui-même étant le premier à la respecter, ont peu d'occasions de se réunir, car le corps des officiers en Allemagne sait être un gardien vigilant de l'honneur et peu souvent un de ses membres se rend coupable d'une faute grave pouvant entraîner la réunion de l'un de ces tribunaux.

CHAPITRE XVII

AUMÔNERIE MILITAIRE

Ce service qui est parfaitement organisé dans les garnisons est peu nombreux en campagne et laisse beaucoup à désirer.

A Berlin et dans la majeure partie des villes et des places fortes il y a de grandes et spacieuses églises où les soldats, par compagnie, sans armes, peuvent s'asseoir et assister au service divin que célèbrent à des heures distinctes les prêtres catholiques et les pasteurs protestants.

Les chefs de corps ne mettent d'ailleurs jamais aucune entrave à ce que les soldats des autres religions suivent les services, les conférences, et célèbrent les fêtes des sectes qui ne sont point représentées dans le clergé militaire.

Il n'y a point de rabbin attaché à l'armée, et tous les soldats israélites, ainsi que les officiers de cette religion, qui sont nombreux, surtout dans l'artillerie, ont toute liberté pour suivre leurs pratiques religieuses dans les synagogues.

CHAPITRE XVIII

GENDARMERIE

En temps de paix la gendarmerie en Prusse fait un service analogue à celui des gardes civils espagnols sous les ordres du ministre de l'intérieur [1]; pendant la guerre elle fait la police dans les camps, les places fortes et les lieux d'étapes. Elle comprend 11 brigades et un peloton chargé d'accompagner le roi lorsqu'il le juge opportun.

Les 11 brigades ont un commandant inspecteur du grade de lieutenant-général ou major général, 11 commandants de district, colonels, lieutenants-colonels ou majors, 44 officiers, capitaines, lieutenants ou sous-lieutenants et comptent 1500 gendarmes à cheval et 1800 à pied.

La gendarmerie de la garde royale, qui se compose du peloton supplémentaire, est formée avec des maréchaux des logis de cavalerie qui ont sept ans de service et les meilleures notes; elle est commandée par un lieutenant et un second lieutenant et son effectif est de 24 gendarmes.

CHAPITRE XIX

GARDES D'HONNEUR. — ESCORTES. — SALUTS.

On ne voit pas dans l'Allemagne du Nord comme dans d'autres pays monarchiques ces nombreuses gardes d'honneur avec bannières et canons qui font sentinelle à la porte des personnages royaux.

La garde particulière du roi de Prusse occupe un édifice construit exprès pour elle et situé à cinquante mètres du palais royal ; elle compte quarante hommes commandés par un officier subalterne. Le roi de Saxe, le grand duc de Weimar et les autres souverains allemands ont des gardes beaucoup moins nombreuses.

Ni le prince royal, ni les autres princes de Prusse, ni aucun général n'ont de garde particulière. Les sentinelles placées à la porte des habitations des personnages de sang royal, du ministre de la guerre, de l'unique maréchal prussien, du gouverneur et du commandant militaire de Berlin, sont fournies par les postes de la garnison les plus rapprochés.

Lorsque les généraux se rendent aux exercices, manœuvres ou parades, ils ne sont jamais accompagnés de fortes escortes comme cela a lieu dans d'autres pays. Le roi de Prusse dans ces occasions a une escorte composée de quatre gendarmes de la garde ; les chefs de corps d'armée ont quatre ordonnances qui les suivent, les généraux de division deux, et ceux de brigade une.

Le luxe des aides de camp est également proscrit ; actuellement le roi lui-même n'en a que quatre, dont trois lieutenants-colonels et un major [1]. Presque jamais lorsqu'il sort et bien qu'il soit en uniforme, le roi ne se fait accompagner par l'aide de camp de service. Les généraux pourvus de grands commandements ou dans une situation militaire élevée, ne se servent jamais des aides de camp en dehors des besoins du service. Les princes de Prusse et les familles régnantes d'Allemagne qui ont une petite maison militaire, seuls, emploient les aides de camp pour les réceptions qu'ils donnent, mais jamais un général, quel que soit son rang, n'use d'une semblable liberté.

Les postes prennent les armes et se forment quand vient l'officier de service, ou quand passe un général ou un colonel ; ils présentent les armes ou rappellent suivant que passent le roi, la reine, les princes de Prusse ou les membres des familles régnantes allemandes.

Les sentinelles qui, d'après le règlement, doivent toujours avoir l'arme sur l'épaule ou en travers sur le devant du corps, font le salut aussitôt qu'elles aperçoivent un officier.

Lorsque les rondes et les piquets en marche sont commandés par un officier ils portent l'arme seulement sans la présenter en rencontrant un officier supérieur, et lorsqu'ils sont commandés par des sergents ou caporaux ils saluent tous les officiers qu'ils croisent.

Quand deux troupes se rencontrent elles se rendent les mêmes honneurs qu'en France et qu'en Espagne.

En règle générale, quand le cas n'a pas été prévu par l'état-major, lorsqu'une troupe en marche en rencontre une autre défilant sur un point impraticable ou difficile pour toutes deux, quels que soient son importance et le chef qui la commande, elle doit faire halte et attendre que la première ait défilé, ou prendre par une autre voie afin que le plus petit désordre ne puisse se produire.

Les généraux et officiers des armées étrangères qui vont en Allemagne, se présentent à leur arrivée au commandant de place de la ville dans laquelle ils désirent résider et donnent leur nom, leur grade et leur provenance; ils peuvent porter l'uniforme avec armes dans tous les endroits publics et sont considérés pour les honneurs à rendre comme des officiers allemands.

CHAPITRE XX

CORPS D'ARMÉE.

L'Allemagne du Nord en temps de paix compte 13 corps d'armée, dont un de la garde royale, et un autre formé avec les troupes du royaume de Saxe, les 11 autres appartiennent aux 11 grandes circonscriptions militaires qui divisent le territoire allemand et correspondent à peu près aux départements administratifs.[1]

En voici l'énumération :

1ᵉʳ Corps d'armée : La province de Prusse, capitale Kœnigsberg.
2ᵉ — — La Poméranie et la moitié de la province de Posen, capitale Berlin.
3ᵉ — — Le Brandebourg, capitale Berlin.
4ᵉ — — La Saxe prussienne, capitale Magdebourg.
5ᵉ — — La moitié de la province de Posen et la basse Silésie, capitale Posen.
6ᵉ — — Le reste de la Silésie, capitale Breslau.
7ᵉ — — La Westphalie, capitale Munster.
8ᵉ — — Les provinces Rhénanes, capitale Coblentz.

9ᵉ Corps d'armée ; Le Schleswig-Holstein, capitale Schleswig.
10ᵉ — — Le Hanovre, capitale Hanovre.
11ᵉ — — La Hesse électorale et le Nassau, capitale Cassel.

Les petits États de la confédération sont fondus dans l'ensemble de l'armée pour tout ce qui se rapporte aux choses militaires.

Comme il a déjà été dit, les corps d'armée se recrutent dans la circonscription de leur région; la garde royale seule a une organisation particulière qui lui permet de choisir ses hommes dans toute l'étendue du territoire.

A la tête de chaque corps d'armée est un général ayant la haute main sur toutes les troupes qui le composent, sur les officiers licenciés ou en activité qui sont dans la circonscription territoriale, ainsi que sur toutes les places fortes et établissements militaires. Ce général habituellement a le commandement du corps lorsqu'il est mobilisé pour la guerre, et un autre général le remplace dans la division territoriale, remplissant l'intérim jusqu'à son retour. En temps de paix comme en temps de guerre il a sous ses ordres un chef d'état-major, deux officiers d'état-major, deux aides de camp, un officier d'ordonnance, un intendant militaire, un auditeur, un médecin en chef, un aumônier supérieur protestant et un catholique.

Chaque corps est formé de deux divisions ; celui de la garde en compte trois : deux d'infanterie et une de cavalerie. La division est commandée par un général ayant comme aides un officier d'état-major, un aide de camp, un intendant militaire, deux auditeurs, deux pasteurs protestants et un prêtre catholique. Le général de division, en outre du commandement de sa division active, doit inspecter les hommes de la landwehr de sa circonscription; en cas de guerre il commande ses troupes et n'est point remplacé dans son commandement territorial.

Chaque division se compose de trois brigades, deux d'infanterie et une de cavalerie; en cas de guerre la brigade de cavalerie ne conserve qu'un régiment, les autres étant détachés pour former la réserve du corps d'armée. A ce moment la division prend le nom de division d'infanterie et est renforcée d'une division d'artillerie forte de quatre batteries à six pièces.

Les brigades d'infanterie sont formées de deux régiments de l'armée active à trois bataillons et de deux régiments de la landwehr à deux bataillons. Le bataillon de réserve de la landwehr qui existe dans chaque corps d'armée est adjoint à une des brigades du corps.

La brigade est commandée par un général ou un colonel chargé en outre de l'inspection de la landwehr et du recrutement; en cas de guerre, il part avec la brigade mobilisée et est remplacé dans ses fonctions de chef du recrutement par un commandant intérimaire qui a sous ses ordres les bataillons de dépôt. Les généraux commandant les brigades de cavalerie ne sont point remplacés, mais un colonel ou un lieutenant-colonel est chargé de passer l'inspection des escadrons de dépôt du corps d'armée.

L'artillerie de chaque corps d'armée se compose d'une brigade formée de deux régiments, un de campagne et l'autre de siège; les troisième, neuvième et dixième brigades ne comprennent qu'une section de siège à quatre compagnies au lieu d'un régiment [2].

L'artillerie n'est pas sous les ordres immédiats du commandant en chef du corps d'armée; elle lui est subordonnée pour tout ce qui regarde les opérations purement militaires, mais elle reçoit les ordres de l'inspection générale de Berlin et des quatre inspections provinciales pour tout ce qui a trait au personnel, au matériel et aux exercices, comme cela se pratique pour le génie.

En cas de guerre chaque division d'infanterie est pourvue d'une division d'artillerie à quatre batteries de six pièces, et la réserve de la cavalerie a à sa disposition une batterie à cheval également de six pièces; le surplus avec neuf convois de munitions forme l'artillerie de réserve.

Chaque corps d'armée a un bataillon du génie;

en temps de paix le personnel, le matériel, et tout ce qui se rapporte à l'organisation de cette branche spéciale, sont sous les ordres directs de l'inspection de l'arme comme l'artillerie.

Les circonscriptions de corps d'armée sont subdivisées en autant de districts qu'il y a de bataillons de la landwehr dans le territoire, et ces districts embrassent deux ou trois districts administratifs. Nous avons dit dans un autre chapitre quel était le rôle du commandant de district qui s'occupe du recrutement, de l'inspection de la landwehr, de l'équipement, et nous avons expliqué tout ce qui est relatif à son service.

Tous les effets d'habillement et d'équipement destinés au bataillon landwehrien sur pied de guerre sont conservés dans la capitale du district ; mais pour éviter qu'ils ne se détériorent par un trop long séjour dans les magasins, tous les ans on les expédie au régiment actif correspondant où ils servent aux recrues, et l'on retourne aux entrepôts de la landwehr un chiffre égal d'effets neufs de la même espèce [3].

Les troupes d'un corps d'armée restent toujours pendant la paix dans leur circonscription et les divisions ainsi que les brigades ont des garnisons fixes. Ce système présente de grands avantages, étant donné le caractère de l'organisation fédérale, tant au point de vue du recrutement qu'au point de vue de la carrière militaire des officiers qui, suivant qu'ils poursuivent leur métier, n'ont pas à changer de garnison continuellement, ou selon qu'ils se retirent dans la vie civile, ont toujours la perspective d'avoir un grade en cas de guerre dès qu'ils sont mobilisés. Il y a quelques exceptions à cette règle, mais la seule importante est pour la garnison de Mayence, ville située comme nous l'avons dit en dehors du territoire de la confédération.

Ne changeant pas continuellement de garnison et ayant de l'avancement sur place jusqu'au grade de major, les officiers ont la possibilité de s'établir avec leur famille dans le pays et lorsqu'ils sont placés dans le cadre de réserve ou qu'ils passent dans la landwehr ils peuvent avoir constamment sous les yeux les hommes qu'ils sont appelés à commander en cas de mobilisation. L'arrivée des recrues ou des volontaires, leur retour dans leurs foyers, les uns après trois ans de service, les autres après une année, leur présence au corps pendant les dix ou quinze jours d'exercices pour assister aux grandes manœuvres annuelles de l'armée active, le passage dans la landwehr, enfin les relations mutuelles entre chefs et subalternes acquièrent par cette méthode sédentaire une grande rapidité, deviennent faciles et nécessitent peu de frais par cela même que tout se passe dans un territoire relativement restreint.

Cette organisation territoriale est très pratique et facilite beaucoup la rapide concentration des troupes ; cette concentration qui doit être aussi instantanée que possible présenterait bien des inconvénients et serait entravée par beaucoup de retards, de perturbations, de désordres, et offrirait même certains périls, si les régiments, comme en Espagne, étaient recrutés chaque année dans toutes les provinces et si les troupes n'avaient pas des garnisons fixes. Pourrait-on avoir aussi facilement un corps d'officiers composé dans une forte proportion de propriétaires riches, si tous les trois mois ou tous les six mois on envoyait les troupes d'un bout à l'autre du royaume.

Les milices provinciales espagnoles qui ont aujourd'hui une organisation presque semblable à celle de la landwehr ont toujours donné de bons résultats et peuvent servir de base à une réforme en harmonie avec les exigences de la politique et le génie du peuple ibérique, étant données la surabondance des officiers supérieurs et subalternes et la loi militaire sur le remplacement qui, avec quelques modifications ayant trait au rachat et à la substitution, pourrait parfaitement être arrangée en vue du service obligatoire pour les jeunes hommes de toutes les classes de la société. De 1854 à 1859 les bataillons qui portaient alors le nom de régiments des provinces, bien qu'organisés d'une manière imparfaite et commandés par des officiers inférieurs à leurs fonctions dans beaucoup de cas, pour la plupart propriétaires ou membres de familles aisées et qui jamais auparavant n'avaient fait partie de l'armée active, si bien qu'on leur avait donné le surnom burlesque d'*alonsos* se distinguèrent cependant dans maintes occasions par leur habileté, leur discipline et leur valeur, autant que les meilleurs régiments de la ligne, à ce point que plusieurs généraux se faisaient honneur de porter l'uniforme de ces bataillons provinciaux.

Les personnes qui ont pu voir la tenue remarquable de quelques-uns de ces corps réunis pour la guerre d'Afrique et composés d'hommes ayant fait quatre ans de service, peuvent se former une idée de ce qu'est un régiment de la landwehr au lendemain de la mobilisation.

Après ces digressions et avant de clore ce chapitre il est intéressant d'ajouter que le général en chef d'un corps d'armée a principalement dans ses attributions la faculté de passer en revue tous les corps qui se trouvent dans sa circonscription lorsqu'il le juge utile ou selon sa convenance, sans restriction d'aucune sorte et sans avertissement préalable. Au contraire les généraux de division et de brigade ne peuvent passer des revues qu'à des époques fixes, déterminées par le ministre de la guerre. Le chef de corps d'armée doit aussi faire le programme des combats simulés et des grandes manœuvres qui ont lieu tous les ans au printemps et à l'automne avec les différentes armes combinées ; il les commande de sa personne, ayant ainsi les moyens de donner des preuves de ses capacités, du degré d'instruction, de la rapidité de mobilisation, de la cohésion et de la bonne tenue des troupes placées sous ses ordres.

En dehors des inspections régulières que font les généraux commandant les corps d'armée, les généraux de division et de brigade, il y en a encore d'autres passées par des généraux désignés par le roi et qui tous les ans, au printemps et à l'automne, se rendent dans les circonscriptions de deux ou trois corps d'armée et font un examen minutieux et détaillé de l'équipement, de l'armement et du degré d'instruction des troupes.

CHAPITRE XXI

MOBILISATION DE L'ARMÉE FÉDÉRALE.

En cas de guerre, l'armée fédérale se compose de trois éléments distincts possédant chacun une organisation particulière ; elle se divise en troupes de campagne, troupes de dépôt et troupes de garnison.

Les premières, qui forment l'armée active, sont destinées, lorsque la guerre éclate, à entrer immédiatement en campagne ; en temps de paix elles servent à instruire les recrues. Elles se composent en temps ordinaire du cadre des officiers, sous-officiers et volontaires, et des hommes valides des trois premières années de service ; elles se complètent, lorsqu'elles sont mobilisées en vertu de la loi sur la mobilisation, par les contingents des 4e, 5e, 6e, et 7e années de service qui sont en congé dans leurs foyers et que l'on appelle soldats de la réserve de l'armée active.

Les troupes de dépôt [1] ne sont formées qu'en cas de guerre et se composent : d'un bataillon par régiment d'infanterie, d'une compagnie par chaque bataillon de chasseurs, d'un escadron par régiment de cavalerie, d'une division de trois batteries par régiment d'artillerie, d'une compagnie par régiment du génie, et de deux compagnies par bataillon du train. Ces troupes sont composées des recrues de l'armée active qui ont servi moins de six mois et n'ont par conséquent pas reçu une instruction suffisante [2], d'un cinquième du contingent des hommes de la réserve, des nouvelles recrues appelées huit jours après la mobilisation, la cavalerie exceptée, qui ne laisse au dépôt que les hommes ayant déjà servi pendant quelques mois dans les corps de l'arme, les cavaliers de remonte et les instructeurs de tous genres, enfin les chevaux de la remonte que l'on achève de rendre propres au service et qui ne sont pas capables de supporter les fatigues de la campagne ; ils sont utilisés pour l'instruction des nouvelles recrues. Nous avons déjà dit que l'escadron de dépôt se formait de la cinquième partie de chaque régiment après avoir échangé les hommes et les chevaux propres au service contre les non-disponibles des quatre autres escadrons.

Les troupes de garnison sont formées par la landwehr et une partie de l'artillerie de siège.

Toutes les mesures pour mobiliser l'armée et la mettre en état d'entrer en campagne doivent être prises en temps de paix. Les listes d'appel pour les soldats de la réserve et de la landwehr, selon les armes, catégories et âges, doivent être dressées dans les différents districts; l'équipement nécessaire à la mobilisation doit se trouver dans les magasins, et les armes doivent être préparées pour les besoins de la guerre. Lorsque le ministre de la guerre donne un ordre les fonctionnaires l'exécutent ponctuellement, car tous savent ce qu'ils ont à faire, la personne nécessaire étant désignée d'avance pour chaque poste.

La mobilisation consiste principalement à mettre sur le pied de guerre les troupes destinées à entrer immédiatement en campagne; elles sont toujours composées de l'armée active, complétée par ses réserves, et si elles ne sont pas suffisantes on leur adjoint tout ou partie du contingent de la dernière année de la landwehr. Elle consiste aussi à recevoir les munitions, à répartir les soldats et les fourgons du train, à former les intendances et le service de la trésorerie militaire, à organiser le service des vivres et celui des postes, l'aumônerie et les conseils de guerre, à combler les vides occasionnés dans le cadre des officiers par les promotions à des emplois spéciaux, à former les troupes de dépôt, à convoquer celles des garnisons, et enfin à armer les forteresses et à les mettre en état de défense. En même temps le ministre de la guerre nomme les suppléants des généraux en chef des corps d'armée et des chefs des brigades d'infanterie qui entrent en campagne ; ceux-là ont le commandement suprême des troupes de leur circonscription, et ceux-ci, avec l'aide des commandants de districts de la landwehr, de tout ce qui a rapport au recrutement, et de tout ce qui est nécessaire pour envoyer de nouveaux renforts et couvrir les pertes causées par la guerre. Le ministre de la guerre nomme aussi un suppléant à l'intendant militaire.

Un bataillon d'infanterie mis sur le pied de guerre, en ne comprenant pas les hommes du dépôt, se compose de 22 officiers et 1000 soldats divisés en quatre compagnies. Un régiment avec son état-major a 69 officiers et 3000 soldats ; n'y sont pas compris : les chirurgiens, l'ambulance et les hommes du train.

Les régiments du grand duché de Hesse qui n'ont que deux bataillons, sont plus faibles en proportion.

Un régiment de cavalerie, non compris l'escadron du dépôt, se compose de 25 officiers et 600 soldats divisés en quatre escadrons.

Un régiment d'artillerie, non compris le dépôt mais avec une batterie montée en plus, se compose de 72 officiers, 2450 soldats et 16 batteries.

dats divisés en trois compagnies ; ces corps laissent dans leurs garnisons une compagnie qui constitue le cadre de réserve et celui de trois nouvelles compagnies de sapeurs et mineurs pour les forteresses. La compagnie du génie de la garde royale qui reste à Berlin fait exception à cette règle, mais elle fournit les détachements pour les sections du télégraphe et pour les chemins de fer de campagne.

La force totale des combattants de chaque corps d'armée mobilisé ou en campagne est de 28 bataillons, 24 escadrons, et 96 pièces divisées en 16 batteries et réparties comme nous l'avons dit plus haut; en y comprenant les états-majors, elle se compose de 884 officiers et 3500 hommes.

Il est en outre attaché à chaque corps d'armée :

1° Une section fournie par le régiment d'artillerie de campagne, et formant cinq convois de munitions pour l'artillerie et quatre pour l'infanterie; effectif, 20 officiers, 1583 soldats, 1580 chevaux et 229 fourgons.

2° Un train léger de pontonniers de campagne, avec un convoi d'ustensiles de tranchée pour les compagnies de sapeurs ; il est composé de 2 officiers, 70 soldats, 117 chevaux et 13 fourgons.

3° Le bataillon du train, qui, en se mobilisant, acquiert la force de 30 officiers, 1450 soldats, 1250 chevaux et 195 fourgons; il se compose d'un convoi de boulangers, cinq convois de provisions, trois détachements d'ambulance et six lazarets de campagne [5]. Chaque détachement d'ambulance et chaque lazaret comporte en outre du personnel nécessaire, médecins, pharmaciens, ambulanciers et aides : les premiers 10 fourgons et les second 5 pour le transport des malades ou blessés grièvement et des effets. Chaque détachement a, à son service, une compagnie de conducteurs de malades composée de 3 officiers et 250 soldats.

4° Un détachement de gendarmerie à cheval de 44 hommes; il a pour mission de faire la police à l'arrière-garde du corps d'armée, et est spécialement chargé d'empêcher les soldats de rester en arrière et les maraudeurs de commettre des vols.

5° Un peloton d'infanterie et un de cavalerie pour le service des gardes et ordonnances des états-majors; ils sont dénommés gardes d'état-major.

En comprenant tous ces convois et détachements de soldats qui ne prennent pas part au combat, ainsi que les médecins, pharmaciens et auxiliaires, l'effectif de chaque corps d'armée en campagne atteint le chiffre approximatif de 40,000 hommes.

Nous ne faisons pas entrer dans cette nomenclature les commandants et soldats des étapes établies en France pendant la dernière guerre, attendu qu'ils n'appartenaient réellement à aucun corps d'armée. Ce service, fait par la landwehr aux stations des chemins de fer et dans les villages situés sur les routes, où passent les convois, consiste à surveiller les voies de communication, à préparer les cantonnements et à surveiller les bagages, à procurer ou conserver les vivres pour les troupes de passage, et à prêter aide en cas de nécessité aux sections du télégraphe, des ambulances et des chemins de fer, ainsi qu'aux postillons et employés du service des postes de l'armée. Pour comprendre l'importance du service des étapes, on n'a qu'à se rappeler que pendant six mois le quartier général du roi de Prusse a communiqué journellement avec Berlin par la poste et par le télégraphe après le passage de la Meuse, de la Moselle et de la Marne, et qu'il n'a été interrompu momentanément que pendant le séjour à Versailles.

Avec deux, trois ou quatre corps on forme une armée et le commandant en chef a un état-major et une garde exclusivement destinés à son service.

Lorsque le roi prend en personne le commandement en chef, il est accompagné au quartier général par une garde formée d'un homme de chaque bataillon et de chaque escadron de l'armée.

Les sections de chemins de fer de campagne ont en plus du détachement de sapeurs déjà exercés à ce service un détachement de 3 officiers et 100 soldats désignés à l'avance parmi les ouvriers des chemins de fer qui appartiennent encore à la landwehr, ainsi que quatre fourgons transportant l'outillage que le soldat ne peut pas porter.

Chaque section de télégraphie de campagne possède pour le transport de son matériel un convoi de train composé de 12 fourgons, et chaque section d'étape un de 15 fourgons pour le même service.

Dans la dernière guerre on a mobilisé jusqu'au 31 décembre six sections de chemins de fer, huit de télégraphe pour le service de l'armée et sept pour le service spécial des étapes.

Les dépôts ont pour objet non seulement de combler les vides occasionnés à leurs régiments respectifs, soit par les combats, soit par les maladies, mais encore d'organiser de nouveaux corps complets qui peuvent former en cas de besoin des brigades ou des divisions provisoires, ou bien renforcer celles qui sont permanentes [1].

Chaque bataillon d'infanterie de dépôt ou complémentaire doit se composer, quinze jours après l'ordre de mobilisation, de 18 officiers, 1000 hommes, et d'une section hors rang à l'effectif de 160 ouvriers; chaque compagnie de chasseurs, de 4 officiers, 250 soldats, et 50 ouvriers hors rang; chaque escadron de cavalerie de 5 officiers, 200 hommes, 212 chevaux et 40 ouvriers hors rang.

La section d'artillerie de campagne, comprenant

une batterie montée et deux à pied, chacune de six pièces, a un effectif de 11 officiers, 550 soldats, 225 chevaux et 160 ouvriers hors rang; chaque compagnie du génie est de 4 officiers, 500 soldats, 210 chevaux et 50 ouvriers hors rang.

Chacun de ces dépôts possède un personnel de médecins et de comptables en proportion de sa force.

Les compagnies hors rang prises dans la landwehr sont composées d'ouvriers cordonniers, tailleurs, armuriers, bourreliers, etc.; elles sont chargées de la réparation des effets d'habillement, de la sellerie, de l'équipement, des armes et effets divers qui nécessitent beaucoup d'entretien pendant une campagne.

Le travail de ces compagnies dans les dépôts sert non seulement à diminuer les dépenses de confection et de réparation, mais encore à conserver et mettre en bon état tous les effets qui existent dans les magasins. Ainsi, après la mobilisation des premiers 500,000 hommes que l'Allemagne du Nord envoya sur les bords du Rhin lors de la déclaration de guerre, dans les régiments de la landwehr qui suivirent, et au fur et à mesure que l'on formait de nouveaux bataillons et escadrons dans cette levée de plus d'un million de soldats, on vit des sabres, des cartouchières, des ceinturons et des courroies de modèles presque oubliés; ces équipements furent parfaitement adaptés aux exigences des armes modernes.

Ces ouvriers ne sont pas seulement employés dans les dépôts du pays, mais la landwehr en a fourni un certain nombre dans les places fortes de France, pour les réparations qui s'y sont faites comme en Allemagne. Nous ne doutons pas que par la suite ils transformeront tellement bien les effets d'équipement pris à Sedan, Metz et Strasbourg, qu'en les voyant portés par les Allemands les Français ne les reconnaîtront plus.

Par ce système d'ordre et d'économie, appliqué à tout ce qui a rapport à l'armée allemande du Nord, son entretien coûte proportionnellement moins cher que celui des armées des autres pays qui peuvent lui être comparées.

La force totale des troupes complémentaires que l'Allemagne du Nord avait réunies au commencement de la guerre s'élevait à 3070 officiers et 183,000 soldats dont 22,757 hommes des compagnies hors rang. L'artillerie des dépôts comprenait 252 pièces.

Les bataillons de complément, aussitôt qu'ils ont réuni, organisé, instruit et équipé une force supérieure à leur contingent, forment un quatrième bataillon appelé à rejoindre le régiment ou à entrer dans la composition de nouvelles brigades; ces bataillons laissent au dépôt une section qui continue le recrutement. Ce système a permis de renforcer l'armée fédérale de plus de 100,000 hommes.

Les troupes de garnison se composent de la landwehr, excepté l'artillerie de fortification qui fait partie de l'armée active. La landwehr est appelée dans chaque circonscription, entièrement ou en partie selon les circonstances. Ces appels se font toujours en commençant par ceux de la première classe, c'est-à-dire qui ont huit ans de services et sont assimilés aux régiments actifs ; dans quelques cas assez rares, on continue l'appel par les classes les moins anciennes jusqu'à la dernière limite.

L'Allemagne du Nord peut réunir en fait de troupes de garnison, en les mobilisant partiellement ou simultanément :

1° Les 212 bataillons de la landwehr, dont nous avons déjà fait l'énumération, qui n'ont qu'un cadre de 18 officiers en temps de paix et peuvent réunir 600 soldats (ceux de province) et 800 (ceux de la garde royale).

2° Les 18 compagnies de la landwehr correspondant aux 18 bataillons de chasseurs, à l'effectif chacune de 4 officiers et 250 soldats.

3° Les 24 régiments de cavalerie de la landwehr correspondant à ceux de l'armée active, avec 23 officiers et 600 soldats chacun.

4° Trente-neuf batteries de réserve à pied, chacune d'elles composée de 4 officiers, 150 soldats, et six canons avec attelages.

5° Trente-six compagnies du génie pour les fortifications, à 4 officiers et 200 soldats ; ceux-ci, comme les artilleurs des batteries de réserve, sont de la landwehr, mais leurs cadres proviennent des 12 compagnies laissées en dépôt par les bataillons mobilisés du génie.

6° L'augmentation de l'artillerie de fortification qui double avec la landwehr son contingent de paix ce qui fait 176 compagnies à 4 officiers et 200 soldats.

En y comprenant les états-majors de ces différents corps, les commandants des places fortifiées, les officiers d'artillerie et les ingénieurs de ces places, le personnel attaché aux parcs d'artillerie, etc., on arrive pour ces troupes de garnison à un chiffre de 6290 officiers, plus de 200,000 soldats, 275 canons sans compter les pièces de siège.

Cependant en 1866, et plus encore dans la dernière guerre, la landwehr ne s'en est pas tenue seulement au service des garnisons, elle a renforcé les troupes actives et s'est battue comme elles en rase campagne, formant dans certains corps la moitié de l'effectif. Au commencement de septembre on avait complètement organisé, en plus des batteries à pied de la réserve et des compagnies de chasseurs de la landwehr réunies en bataillons : 12 bataillons de la landwehr de la garde et 154 de la landwehr des provinces dont quatre du royaume de Saxe; tous de 1000 hommes, excédant ainsi de beaucoup leur contingent ordinaire qui n'est que de 600 hommes par bataillon; 16 régiments de cavalerie de la landwehr, dont deux de six escadrons à 900 hommes, deux de cinq escadrons à 750 hommes, et douze de quatre escadrons à 600 hommes.

De toutes ces troupes il y avait dans les armées opérant en France dans les premiers jours de novembre, 109 bataillons d'infanterie, tous les régiments de cavalerie, toutes les compagnies de chasseurs réunies en bataillons, 31 batteries de réserve à pied, 32 compagnies du génie de forteresses et 79 d'artillerie de siège; il eût été vraiment impossible d'entreprendre à la fois autant et de si pénibles sièges, sans le secours de ces armes spéciales.

Cette organisation militaire a donné non seulement de grands résultats, mais elle a encore démontré que la Prusse avait en son pouvoir une mine inépuisable de soldats aguerris et instruits. A la fin de l'année 1870 et au commencement de janvier 1871, de nouveaux bataillons et de nouvelles compagnies de génie et d'artillerie ont été envoyés en France, soit comme renfort, soit pour combler les pertes de ceux qui y étaient déjà, pertes qui, dans certains bataillons, étaient très considérables.

Les commandants généraux ont en outre fait appel aux hommes qui avaient terminé leur service dans la landwehr depuis plus d'un an, deux ans, et même quatre ans, sous prétexte qu'ils étaient obligés de servir dans la landsturm, mais avec promesse de les affecter aux forteresses ou capitales de leur circonscription et de ne les faire sortir du royaume dans aucun cas. On a pu ainsi dans différentes provinces affecter à l'armée active tous les hommes de la landwehr et les remplacer à l'intérieur par près de 100,000 hommes, sans que cette mesure arbitraire, qui forçait beaucoup de pères de famille à quitter leurs foyers lorsqu'ils se croyaient entièrement libres de service à moins d'envahissement, ne produisît aucune plainte, ne fût même pas commentée par la presse, tous considérant que la patrie exige les plus grands sacrifices et qu'au-dessus des règlements et des arrêtés, il y a le précepte des Romains : *Salus populi suprema lex esto.*

CHAPITRE XXII

EFFECTIF DE L'ARMÉE FÉDÉRALE.

Si l'organisation de l'armée de l'Allemagne du Nord n'avait pas été modifiée sur certains points, son effectif dans la dernière guerre se serait limité à 824,425 hommes, mais il a dépassé de beaucoup ce nombre sans violation des lois en vigueur.

Malgré le concours important de l'Allemagne du Sud, tant par la qualité que par la quantité des troupes qu'elle a mises en campagne, la lutte gigantesque soutenue contre les Français, lorsque dans la seconde période après le désastre de Sedan le Gouvernement de la Défense Nationale décréta le levée en masse, a nécessité de plus grandes forces non seulement pour entourer Metz et Paris, mais encore pour occuper une grande étendue de territoire et pour combler les pertes qui réduisirent en quelques semaines de plus de moitié le contingent de quelques corps.

Comme tous les Allemands qui ne s'engagent pas volontairement avant l'âge sont obligés de servir pendant trois années dans l'armée active où ils acquièrent l'instruction militaire suffisante, qu'il en est de même pour les volontaires qui sont astreints à un service de six à douze mois et qui ne sont renvoyés qu'après examen sur l'instruction militaire, il en résulte que la population virile allemande est toujours prête à entrer en campagne sans la moindre préparation. De vingt à vingt-sept ans les Allemands appartiennent à l'armée active dans laquelle ils passent trois années pour leur instruction militaire et quatre de réserve dans leurs foyers; de vingt-sept à trente-deux ans ils appartiennent à la landwehr, et à partir de trente-deux à la landsturm ; mais cette dernière n'a pas d'organisation particulière. Le gouvernement a pu l'assimiler à la landwehr et l'y incorporer comme telle sous la réserve qu'elle ne sortirait pas de son territoire, afin de ne pas enfreindre le but principal de son institution.

Le système militaire allemand n'est pas l'œuvre d'un jour; sa principale base, qui est le service obligatoire sans exception d'aucune sorte, a créé une source inépuisable de soldats aguerris. On en a développé les conséquences et perfectionné les détails, au fur et à mesure que l'expérience en faisait reconnaître l'utilité. La landsturm, comme l'indique son nom (tempête terrestre), est, suivant le règlement défectueux et incomplet qu'on improvisa en 1813 pour l'organiser, une institution réservée pour le cas d'une invasion du territoire fédéral ; mais personne n'aurait pu prévoir, quand on chercha à la former et à l'organiser, qu'un jour viendrait où plus d'un million de soldats seraient envoyés hors du territoire, que les hôpitaux et les casernes regorgeraient de blessés et de malades, qu'on aurait besoin d'une force considérable pour garder un demi-million de prisonniers, pour occuper les forteresses, et pour ne pas dégarnir plusieurs points stratégiques d'un pays entouré de puissantes nations.

La landsturm avait été créée dans un moment où la patrie était envahie et son indépendance menacée ; par la même raison on y a eu recours dans la dernière guerre où son concours était nécessaire pour assurer le succès de victoires dont le résultat et les conséquences ne pouvaient se prévoir.

On n'a été qu'imparfaitement fixé sur le contingent fourni par la landsturm qui se compose des hommes dépassant l'âge du service de la landwehr ; il paraît cependant qu'il a été de près de 150,000 hommes et qu'il aurait pu s'élever à 300,000 en appelant la classe de 1847, qui avait alors quarante-trois ans.

Ceux qui ne connaissaient pas le système prussien ou n'en avaient qu'une idée incomplète et demandaient en 1869 le désarmement de l'Allemagne comme conséquence d'une réduction insignifiante mais apparente de l'armée française sur le contingent annuel de la conscription, faisaient ces calculs sous l'influence qu'allait avoir sur l'état militaire de l'Europe une réduction plus grande que fit la confédération du Nord et ne comprenaient pas que de telles espérances étaient illusoires.

Tant que l'Allemagne ne renoncera pas à son système, tant qu'elle instruira et préparera ses citoyens valides au service des armes, les enrôlera et les organisera de manière à les tenir en haleine dans la main de leurs chefs, lors même qu'elle diminuerait le nombre des soldats de l'armée active, qu'elle réduirait le nombre d'années du service de la landwehr et qu'elle adopterait d'autres dispositions pouvant conduire au désarmement, elle aura toujours à sa disposition pour y avoir recours suivant les circonstances 1,000,000 de soldats aguerris et vétérans, de vingt à trente deux ans, et 600,000 également aptes et instruits mais moins propres aux rigueurs de la guerre, de trente-deux à quarante ans. Les exemptions fixées par la loi qui diminuent sensiblement le contingent annuel viennent augmenter la totalité des hommes disponibles, puisque toutes cessent en temps de guerre. Nous connaissons une circonscription dont le nombre des exemptés incorporés au moment de la guerre s'élevait à plus de 3000 appartenant aux classes de l'activité.

On peut donc compter en plus des 93,000 hommes qui ont constitué en moyenne le contingent annuel pendant la dernière décade, 5 à 6000 hommes qui sont exemptés, mais qui sont incorporés aussitôt que la mobilisation est décrétée.

Les corps de la confédération avaient comme effectif au moment où l'empereur des Français déclara la guerre au roi de Prusse :

ARMÉE DE CAMPAGNE DE LA PRUSSE

y compris les troupes des trois Villes libres.

	Hommes.
Cent quatre-vingts bataillons de ligne.	185 699
Cent vingt-six — de fusiliers.	129 024
Treize — de chasseurs	13 312
Deux cent soixante-dix escadrons de cavalerie	40 640
Cent quatre-vingt-sept batteries (avec 1122 pièces).	33 579
Douze bataillons — du génie.	7 440
Quatre sections du télégraphe.	324
Quatre — du chemin de fer	720
Etat-major général et états-majors particuliers	2 136
Officiers et soldats du train, médecins, employés, ouvriers et autres individus qui ne combattent pas	47 816
Total.	460 690

avec 148,244 chevaux et 11,124 trains et fourgons.

ROYAUME DE SAXE.

	Hommes.
Six bataillons de fusiliers	6 172
Dix-huit bataillons d'infanterie	18 516
Trois — de tirailleurs	3 086
A reporter.	27 774

Report.	27 774
Deux bataillons de chasseurs	2 048
Vingt-quatre escadrons.	3 750
Vingt batteries avec 96 pièces.	3 411
Un bataillon du génie	620
Total	37 603

GRANDS DUCHÉS DE MECKLEMBOURG.

Trois bataillons d'infanterie	3 086
Trois — de fusiliers	3 086
Un — de chasseurs.	1 024
Huit escadrons	1 250
Quatre batteries avec 24 pièces	472
Total	8 918

DUCHÉ DE BRUNSWICK.

Trois bataillons d'infanterie.	3 086
Quatre escadrons.	625
Une batterie avec six pièces.	138
Total	3849

GRAND-DUCHÉ DE HESSE

Huit bataillons d'infanterie.	8 208
Deux — de chasseurs	2 048
Huit escadrons.	1 250
Trois batteries avec 18 pièces.	417
Une compagnie du génie.	156
Total.	12 079

RÉCAPITULATION

(déduction faite des non-combattants).

Prusse.	412 874
Royaume de Saxe.	37 603
Mecklembourg	8 918
Brunswick	3 849
Hesse	12 079
Total	475 323

L'armée active confédérée ainsi constituée se divise en :

Trois cent soixante-huit bataillons d'infanterie.

Trois cent quatre escadrons.

Deux cent quinze batteries avec 1290 pièces,

Treize bataillons un quart du génie.

Treize bataillons et demi du train.

TROUPES DE DÉPOT DE LA PRUSSE

	Hommes.
Cent deux bataillons d'infanterie.	104 142
Treize compagnies de chasseurs.	2 665
Soixante-cinq escadrons.	13 325
Douze divisions d'artillerie avec 216 pièces.	6 720
Douze compagnies du génie.	2 448
Douze divisions du train.	6 204
	135 504
Ouvriers de toutes armes attachés aux dépôts.	22 757
Total.	158 261

ROYAUME DE SAXE

	Hommes.
Neuf bataillons de dépôt d'infanterie.	9 181
Deux compagnies — de chasseurs.	410
Six escadrons de dépôt.	1 230
Une division de dépôt de l'artillerie.	560
Une compagnie de dépôt du génie.	204
Une division de dépôt du train.	514
Ouvriers.	2 083
Total.	14 182

MECKLEMBOURG

Deux bataillons de dépôt d'infanterie	2 042
Une compagnie de dépôt de chasseurs.	205
Deux escadrons de dépôt.	410
Ouvriers	453
Total.	3 110

BRUNSWICK

Un bataillon de dépôt d'infanterie.	1 021
Un escadron de dépôt.	205
Ouvriers	201
Total.	1 427

Nous n'avons pas de renseignements sur les dépôts du grand duché de Hesse.

Les dépôts de la confédération s'élevaient donc environ au chiffre de 176,980 hommes.

TROUPES DE GARNISON DE PRUSSE

Hommes.

Six bataillons d'infanterie de la landwehr de la garde royale	4 946
Cent soixante-quinze de la landwehr provinciale	144 200
Quarante-huit escadrons de réserve	7 500
Cent soixante-huit compagnies d'artillerie	34 944
Vingt-huit détachements du génie	3 684
États-majors des places	700
Total	195 974

ROYAUME DE SAXE

Douze bataillons de la landwehr	9 888
Huit compagnies d'artillerie	1 658
Total	11 546

MECKLEMBOURG

Quatre bataillons de la landwehr	3 296

BRUNSWICK

Deux bataillons de la landwehr	1 648

HESSE

Six bataillons de la landwehr	4 944

Les troupes de garnison de l'Allemagne du Nord atteignaient donc le chiffre de 217,403 hommes.

RÉCAPITULATION GÉNÉRALE

	Hommes.
Armée active ou de campagne	475 323
Troupes de dépôt	176 980
Troupes de garnison	217 403
Total	869 706

En ajoutant à ces 870,000 hommes les 300,000 fournis par l'appel des onze classes de 1847 à 1457 qui avaient terminé leur service dans la landwehr, et les 200,000 hommes provenant de l'enrôlement des classes de 1870 et 1871, c'est-à-dire des recrues qui avaient ou allaient avoir vingt ans, et 20,000 volontaires qui se sont enrôlés pendant la guerre en devançant l'appel de deux ou trois ans, on trouvera pour l'Allemagne du Nord seulement un effectif de 1,390,000 hommes.

Les chevaux pour les soldats et les officiers s'élevaient au 1er janvier au chiffre rond de 200,000, et les fourgons de tous genres à 13,000.

Enfin nous devons faire ressortir, d'une manière approximative, il est vrai, les forces de l'Allemagne du sud qui sont actuellement réparties dans les armées du Nord.

Le royaume de Bavière avait au moment de la déclaration de guerre 70,000 hommes de troupes de campagne en deux corps d'armée de deux divisions,

25,000 hommes de troupes de dépôt ou de complément, et 32 bataillons de la landwehr.

Le royaume de Wurtemberg 21,000 hommes de troupes de campagne en une division, et 15,000 hommes de troupes de complément et de garnison, y compris les dix bataillons de la landwehr :

L'ensemble comprend donc 168,000 hommes, et en comptant la landwehr bavaroise pour 22,000 seulement, on aura un chiffre de 190,000 hommes qui ajoutés à l'armée du Nord, donne un effectif total de 1,550,000 hommes [1].

CHAPITRE XXIII

IMPORTANCE TACTIQUE DES DIFFÉRENTES ARMES

Nous ne donnerions qu'une faible idée de l'armée fédérale si nous ne parlions pas de la tactique des différentes armes et de l'usage qu'en ont fait les généraux allemands pendant la dernière guerre. Nous traiterons brièvement ce sujet, sans entrer dans des questions doctrinaires qui nous entraîneraient hors du but que nous nous sommes proposé ; nous nous limiterons simplement à indiquer ce qui est nécessaire pour faire connaître l'application des institutions militaires suivant les idées qui dominent dans l'état-major prussien.

L'infanterie dans l'armée allemande, comme dans toutes celles de l'Europe, est la principale base. Tout ce qu'ont pu dire pendant les dernières années les journalistes préoccupés des progrès de l'artillerie et de son développement s'appuyait sur des suppositions erronées qui n'avaient aucun fondement, et on a pu s'en convaincre dès le commencement de la campagne. C'est de la fermeté et de la solidité de l'infanterie, de son agilité et de sa précision, de sa force et de sa vigueur dans l'attaque et la défense que dépend aujourd'hui, comme depuis trois siècles, le succès des batailles.

Cela provient non seulement de ce qu'elle est la plus nombreuse et que par conséquent elle prend une plus grande part dans les combats, mais encore de son efficacité matérielle qui a été en augmentant au fur et à mesure des progrès accomplis dans le perfectionnement du fusil.

L'infanterie allemande ayant pour disposition de combat la colonne de compagnie, il lui est facile de déployer de nombreux tirailleurs qui opèrent avec beaucoup plus d'indépendance que dans les formations en colonnes serrées ou en ligne; c'est donc l'arme où l'intelligence et l'instruction des soldats peuvent donner les meilleurs résultats [1].

L'artillerie a fait aussi de grands progrès grâce aux perfectionnements apportés aux pièces et aux projectiles. La cavalerie qui compte principalement sur le cheval, incapable de s'améliorer par la tactique, est restée stationnaire.

Les deux premières armes ayant pris une plus grande extension dans les opérations, la cavalerie prend beaucoup moins de part aux combats, son action étant réservée pour certaines occasions. Le feu accéléré du fusil à tir rapide ne laisse guère de probabilités de réussite à une charge de cavalerie, à moins que l'infanterie ne soit en débandade.

Ce qui donne encore plus d'importance à l'infanterie, c'est qu'elle peut servir pour l'attaque et pour la défense; elle combat non seulement avec l'arme à feu qui constitue sa principale force, mais aussi à l'arme blanche, le jour, la nuit, sur n'importe quel terrain accessible, et dans toutes les circonstances, ce qui est d'autant plus important que les généraux allemands ne recherchent pas les plaines, comme on le faisait auparavant, pour livrer les grandes batailles en lignes compactes; mais au contraire, les montagnes et les vallées, les bois, les villages, les collines coupées par des fossés, des ravins et des gorges, car le caractère mobile et élastique des colonnes de compagnie et des tirailleurs s'accommode facilement des accidents de terrain et y trouve son élément. Les sinuosités du terrain, les fermes, les lisières des bois servent de points d'appui aux Allemands pour l'attaque et la défense; par eux ils neutralisent l'effet prompt et rapide du fusil moderne, et pendant qu'ils cachent leur propre force à l'ennemi ils peuvent découvrir la sienne avec plus de facilité, ce qui permet toutes les combinaisons de leur tactique en grand ou en petit. Souvent pendant la dernière guerre franco-allemande l'avantage, dès les premiers moments, s'est déclaré pour les Prussiens, conséquence de cette manière adroite et hardie de préparer le combat. Peuvent servir d'exemples : les assauts de Wissembourg et Geissberg, l'attaque de Spicheren, et la prise de Saint-Privat [2].

On raconte que les zouaves et les turcos, qui se croyaient avec quelque raison les soldats les plus alertes de l'Europe, furent surpris à Wissembourg et à Spicheren par les tirailleurs bavarois et prussiens qui grimpaient sur les collines et glissaient le long des talus en les attaquant, comme le faisaient au Mexique les troupes de Escobedo et de Porfirio Diaz ; ils furent encore bien plus étonnés en voyant paraître les énormes masses de l'ennemi qu'ils croyaient à une grande distance et ne concevaient pas comment elles avaient pu faire les mouvements nécessaires pour arriver en si bon ordre dans de telles positions.

Une des erreurs qui ont cours en Espagne, en France, et dans beaucoup de pays sur le compte des troupes allemandes, que l'on confond facilement avec les troupes anglaises, quoiqu'elles n'aient aucune analogie entre elles, c'est de les considérer comme faibles et molles pour l'attaque et de croire qu'elles manquent de nerf et d'élan pour l'entreprendre et l'exécuter dans de grandes proportions. On les reconnaissait admirables pour leur solidité et leur aplomb dans la défense des positions, mais on leur niait complètement l'élan et la furia des Français ; de cette fausse supposition, on déduisait au commencement de la guerre les plus illusoires et les plus absurdes conséquences sur les résultats qu'auraient les opérations successives de cette guerre.

La guerre de Bohême aurait pourtant dû suffire à faire comprendre les causes de la supériorité de l'organisation prussienne ; mais on la jugea superficiellement en attribuant les désastres des Autrichiens à l'état lamentable de leur armée, et aux prodigieux effets du fusil à aiguille ; l'on crut facilement qu'il n'y avait qu'à opposer le Chassepot au Dreyse et la mitrailleuse au Krupp pour s'assurer la supériorité.

Naturellement le caractère essentiel de l'armée prussienne depuis Frédérick le Grand et ses conditions organiques la prédisposent à l'attaque, et malgré l'adoption du fusil à feu continu qui donne un immense avantage aux forces expectantes sur celles qui attaquent, les généraux allemands n'ont pas renoncé au principe invétéré de leur école militaire qui, dans des circonstances pareilles et lorsque le désavantage de l'agresseur n'est pas considérable, fait préférer l'attaque à la défense, parce qu'elle isole en quelque sorte et bat en détail les forces de l'ennemi, le domine, et l'empêche de réaliser ses projets stratégiques, tout en permettant de multiplier tous les éléments disponibles en les portant aux points que l'on considère comme les plus propices, et en temps et lieu favorables.

La cavalerie est une arme essentiellement offensive, même en cas de défense elle prend la forme de l'attaque; sa force tactique consiste principalement dans le choc, car généralement l'ennemi ne l'attend pas de pied ferme, il va plutôt à sa rencontre. Les généraux allemands, tenant compte de la longue portée des nouveaux fusils, des obstacles du terrain qu'ils recherchent de préférence, et des combats dans les villages qui constituent la partie importante de leur système, ne concentrent plus la cavalerie en grands corps de réserve comme ils le faisaient auparavant; au contraire, ils la placent derrière l'infanterie en petites fractions d'une ou deux divisions avec une partie de l'artillerie pour le cas où ces deux armes opéreraient conjointement.

L'artillerie, indépendamment de la précision de son tir, des distances énormes auxquelles elle peut envoyer des projectiles dont les effets sont terribles, continue à être une arme qui ne peut dans aucun cas opérer isolément et sans le secours des deux autres.

Son action s'est cependant beaucoup étendue et on peut dire qu'elle prépare toujours les batailles, et que dans certaines circonstances elle décide du résultat.

Elle est d'une grande importance dans les sièges; aussi les villes fortifiées et les forts détachés qui augmentent les moyens de défense, ne peuvent nullement préserver les populations des effets meurtriers et destructeurs de son feu.

Dans les dernières années on a prétendu diminuer le chiffre du contingent de la cavalerie, vu le peu d'usage qu'on en faisait; mais l'état-major prussien s'y est toujours refusé non seulement parce qu'il pouvait se faire que dorénavant il pût s'en servir aussi avantageusement que par le passé, mais encore parce qu'il pensait pouvoir l'utiliser dans les guerres à venir.

La nouvelle application qu'on en fait est d'une si grande utilité et lui ouvre un champ d'action si vaste que l'infériorité où elle était tombée est largement compensée. Elle n'abandonne pas pour cela sa place dans la réserve où dans certains moments, l'ennemi étant en désordre et le terrain favorable, elle peut manœuvrer librement et décider de l'issue d'un combat.

Les généraux allemands sortant de la routine qui consistait à placer la cavalerie de réserve sur la dernière ligne de bataille, en la mettant à la queue dans les marches contre l'ennemi, ont mis de grands détachements de cette arme en tête des colonnes de marche, non pas comme renfort de l'avant-garde ou comme aide dans les opérations, mais pour lui laisser plus d'action et d'indépendance. Après les batailles de Wissembourg et de Wœrth qui ouvrirent la campagne; une division de cavalerie avec l'artillerie montée correspondante, sous les ordres du prince Albert, frère du roi de Prusse, se porta à quelques étapes en avant de la troisième armée victorieuse; et en même temps inquiéta continuellement l'ennemi, ne lui laissant pas un moment de repos. D'autres corps nombreux de la même arme s'étendaient à de grandes distances sur les flancs des divisions allemandes, s'emparant des vivres, empêchant les levées, interrompant les communications, portant l'épouvante et la terreur même dans les endroits que l'on croyait les moins susceptibles d'envahissement, se rendant un compte détaillé des forces et des positions des Français, et couvrant les leurs derrière un rideau impénétrable de cavaliers.

L'effet produit par la cavalerie joint à quelques autres causes, fut décisif dans le succès de la guerre, comme le dit l'empereur Napoléon lui-même dans une brochure que l'opinion publique lui attribue non sans raison. Le prisonnier de Wilhelmshœhe, en expliquant les motifs qui lui firent abandonner le commandement pour le confier au maréchal Bazaine, s'exprime ainsi :

« L'effectif de l'armée de Metz s'élevait à 140,000
« hommes lors de l'arrivée du maréchal Canrobert
« avec deux divisions et les hommes de la réserve.

« L'ordre de se concentrer autour de la place en atten-
« dant le moment de pouvoir se lancer sur une des ar-
« mées prussiennes avant qu'elles eussent opéré leur
« jonction fut donné. Malheureusement, comme si
« dans cette campagne toutes les chances de succès
« devaient nous manquer, non seulement la concen-
« tration de l'armée fut retardée par le combat de
« Spicheren et le mauvais temps, mais encore son ac-
« tion fut paralysée par l'ignorance absolue où nous
« nous trouvions constamment du point où se trou-
« vaient les forces de l'ennemi. Les Prussiens couvri-
« rent si bien leurs mouvements derrière l'immense
« rideau de cavalerie qu'ils déployèrent de tous côtés,
« que malgré les plus persévérantes investigations, on
« ne sut jamais où se trouvait le gros de leurs forces et
« par conséquent où devait se produire l'effet le plus
« considérable : le 14 août et même le 16, on ne
« pouvait supposer que nous avions toute l'armée
« prussienne sur les bras, personne ne doutait à
« Gravelotte de la facilité de pouvoir se trouver le
« lendemain à Verdun, et à Paris on n'était pas mieux
« renseigné[3]. »

Ce système de découvertes de la cavalerie, variant selon le parcours des zones et des stations, couvrant par devant toute l'extension des forces selon les localités et les circonstances, a été suivi par les Allemands pendant toute la guerre ; il a toujours donné de bons résultats, non seulement par rapport au succès des opérations, mais encore au point de vue des effets politiques de l'invasion.

Par les reconnaissances du quartier général du roi de Prusse après l'occupation de Châlons, on a connu à temps le mouvement de flanc que le maréchal Mac-Mahon opéra pour délivrer l'armée réfugiée à Metz; par les reconnaissances lancées jusque sous les murs d'Orléans, on sut la formation exacte de l'armée de la Loire et on put l'attaquer et la battre avant qu'elle n'eût le temps de rompre le cercle qui entourait Paris; par les reconnaissances enfin, on paralysa les efforts de contrées entières, on assura les opérations entreprises contre les places assiégées, on conserva toujours les voies de communication libres et les Allemands connurent toujours mieux l'état du pays que le gouvernement et les généraux français : c'est le point capital dans la guerre.

Quand après les premiers mois de la campagne, les généraux français s'aperçurent des services que prêtaient aux Allemands les pelotons de cavalerie qui se concentraient en grandes divisions ou se partageaient en petites escouades selon les besoins, et qui se déroulaient autour de leurs armées couvrant une étendue de terrain immense, distants de deux à trois journées du gros de l'armée, ils tentèrent inutilement de leur opposer des corps pareils. Non seulement ils avaient perdu les vétérans de l'armée prisonniers à Sedan ou assiégés à Metz et à Paris, mais ils n'avaient pas les chevaux nécessaires; lors même qu'ils auraient réuni de nombreux escadrons et conservé les anciens soldats, ceux-ci n'auraient pas eu la préparation et les connaissances nécessaires pour pratiquer avec fruit ce mode d'investigation et de vigilance qui nécessite des petits groupes composés de quatre à cinq cavaliers connaissant parfaitement le maniement des cartes, plans et itinéraires, ce qui manquait complètement à l'armée française même pour son propre pays. Dans ce cas surtout, les documents doivent être fournis en quantité considérable pour les exigences du service, qui doit être dirigé avec une grande intelligence pour pouvoir obtenir de bons résultats.

CHAPITRE XXIV

SYSTÈME DE COMBAT

Comme nous l'avons déjà dit dans le chapitre précédent, les Allemands recherchent pour le combat les lisières des bois, les terrains coupés, les fermes et les villages ; ils y préparent leurs positions, soit pour les défendre énergiquement, soit pour se retirer sur d'autres choisies d'avance suivant un plan combiné, soit pour avancer au moyen d'attaques successives mais toujours de manière à ce que les obstacles du terrain, sur le front de la ligne et dans le rayon des feux, empêchent l'ennemi de diriger les siens avec certitude. Ils appuient leurs ailes sur des points inaccessibles ou très sûrs en improvisant de légères fortifications de campagne auxquelles travaillent les soldats d'infanterie avec l'outillage dont sont munis les bataillons.

Une des pratiques dans laquelle les Français se sont

distingués dans cette guerre, se montrant en cela supérieurs aux Allemands, est la construction des fossés de tirailleurs qu'ils apprirent des Russes en Crimée et qui servent à couvrir les tirailleurs d'une troupe lorsque le terrain n'offre aucun abri naturel.

La ligne de défense ainsi disposée par les Allemands pour camper de jour ou de nuit, se garnit d'infanterie avec de nombreuses gardes et des piquets de soutien formés par des colonnes de compagnie et par quelques batteries d'artillerie placées aux points importants, et séparées des premières positions. Derrière cette ligne se place le gros de l'armée c'est-à-dire le centre, composé de la plus grande partie de l'infanterie en deux lignes de colonnes massées, avec les distances réglementaires pour marcher immédiatement à l'ennemi et si cela est nécessaire renforcer le front; dans les intervalles les plus propices, on place le reste de l'artillerie. Enfin, au centre de l'arrière garde, on trouve la réserve composée des trois armes, avec le quart et quelquefois le tiers des forces. Ordinairement, la réserve d'un corps d'armée se compose d'une brigade d'infanterie, de la division de cavalerie et des batteries d'artillerie nécessaires, selon l'importance des points à faire occuper; elle reste toujours sous le commandement direct du général en chef. Devant Strasbourg, Metz et Paris, et dans les autres positions prises par les Allemands pendant la guerre, les réserves formaient à l'arrière-garde un front semblable à celui de la première ligne, afin de ne pas être surprises ou enveloppées par l'ennemi.

Les mêmes dispositions ont été prises dans tous les combats et engagements auxquels ont pris part les Allemands. L'artillerie commence l'attaque en tirant des grenades et des schrapnels, l'infanterie d'avant-garde s'avance en même temps en colonnes de compagnie avec de nombreux tirailleurs, et le gros de l'armée suit; la première ligne déployée en bataille fait des décharges de compagnie et de bataillon, et continue ainsi sa marche pour s'approcher de l'ennemi. Elle se forme à un moment donné afin de laisser des vides suffisants pour que la seconde ligne formée en colonnes puisse exécuter une charge à la bayonnette, accompagnée de ses tirailleurs et appuyée de sa cavalerie et de son artillerie.

Les généraux allemands ne recherchent pas dans les attaques les lignes convergentes, ils ne s'occupent que de lancer leurs colonnes pour menacer ou prendre les points importants et plus particulièrement la clef de la position, qui, à la bataille de Wissembourg, se trouvait être le mont Geisseberg, et à Sedan, la hauteur d'Illy; ils se sont distingués surtout dans leurs manœuvres pour couper la retraite à l'ennemi, ce qu'ils ont pu entreprendre facilement du reste, car dans presque tous les engagements ils accumulaient des forces très supérieures en nombre.

Les soldats allemands afin d'avoir une charge moindre et plus d'agilité pour la marche, ne portent pas comme les Français des tentes de campagne [1]. Quand ils campent, ils forment des huttes et des cabanes de branchages. Devant Metz ils construisirent de grandes baraques de bois et de briques avec poêles et cheminées, à l'instar des constructions rurales.

Les grand'gardes qu'ils disposent en avant de leurs campements se composent généralement du cinquième des forces campées, et sont sous les ordres d'un commandant spécial. Les postes s'échelonnent selon les sinuosités du terrain et couvrent une grande étendue ; ils sont ordinairement placés à 3000 pas en avant de leurs corps d'armée, et dans quelques cas à 4000.

Ce service est toujours confié à l'infanterie et à la cavalerie légère; on y adjoint de l'artillerie dans les cas où le détachement est d'une force considérable, ou bien lorsqu'il est appelé à opérer d'une manière indépendante.

Les gardes avancées se divisent en gardes de campagne et de soutien. Les gardes de campagne, de vingt à trente hommes, sont placées de préférence sur les chemins et les sentiers qui conduisent aux campements ; elle fournissent deux sentinelles de cavalerie ou d'infanterie à quelques centaines de pas en avant, placées de manière à communiquer entre elles et à former une chaîne assez compacte pour ne pas laisser passer une patrouille ennemie sans l'apercevoir. Ce n'est qu'en cas de froid très rigoureux que l'on permet de faire du feu dans les postes, et encore faut-il qu'on puisse le cacher à la vue de l'ennemi ; la nourriture qui se fait dans les lignes de soutien est portée dans des gamelles par des hommes de corvée.

Les gardes de campagne n'ont pas seulement le soin de fournir des sentinelles ; d'heure en heure ou dans les temps fixés par l'état-major, elles envoient des patrouilles qui dépassent la ligne, et se rendent compte de la position et des mouvements de l'ennemi ; ces patrouilles sont ordinairement composées de huit à dix hommes, mais quand l'ennemi se trouve à proximité elles n'en ont que deux ou trois ; elles envoient également d'autres patrouilles qui ont pour mission de visiter les postes et les sentinelles.

Quand les conditions du terrain permettent de composer des grand'gardes de troupes de deux armes l'infanterie est chargée du service de jour et la cavalerie du service de nuit.

Les soutiens sont des groupes beaucoup plus nombreux qui, postés en arrière des gardes de campagne, servent à les appuyer en cas d'attaque et à les recueillir en cas de retraite. Les détachements de grand'garde d'une certaine importance ont une réserve composée des trois armes, qui se dénomme le gros de la grand'garde.

Au moyen de ce système réglementé et suivi mathématiquement, la ville de Paris a été bloquée pendant des mois entiers sans que les plus audacieux aient pu sortir ni entrer dans cette immense capitale, et l'on a réalisé là un fait que des hommes très compétents croyaient invraisemblable.

Les patrouilles et les sentinelles ont pour mission de donner des renseignements sur l'ennemi ; elles ne doivent se battre que pour leur propre défense, mais comme l'ennemi prend aussi ses mesures de sûreté, il n'est pas toujours suffisant de voir et d'écouter pour se renseigner. Dans ce cas, on emploie la force en attaquant et cherchant à enlever des sentinelles ce qui facilite beaucoup la reconnaissance des positions. Ce service se fait par la garde entière, par les soutiens, et si on le juge nécessaire par des détachements composés des trois armes, et quelquefois de tout le gros de la grand'garde, ce qui prend alors le caractère d'une reconnaissance offensive.

Les groupes de cavalerie légère préposés à la reconnaissance de la position de l'ennemi et de l'état des populations, à une distance plus ou moins grande, se nomment troupes errantes et sont commandés par des chefs supérieurs qui fractionnent ou réunissent leur troupe selon leur mission, qui consiste en dehors du service de vigilance et d'investigations, à surprendre et à inquiéter l'ennemi, à le distraire par de fausses manœuvres, à lui couper toute communication, à enlever les convois de vivres et de munitions, à surprendre les courriers et à maintenir constamment l'inquiétude dans le pays.

Nous avons déjà dit dans un autre chapitre que la cavalerie légère d'Allemagne était parfaitement organisée pour cette lutte pénible et incessante que l'on nomme petite guerre. Les lanciers (uhlans), les dragons et les hussards remplacent avec beaucoup d'avantage les hordes à demi sauvages des autres nations qui les destinent à un service analogue : les Croates en Autriche et les Cosaques en Russie, dévastent, saccagent et pillent les contrées envahies, volent les denrées et provisions, arrêtent les convois, mais sont incapables de prendre des renseignements, et on ne peut guère compter, pour l'exécution des ordres, en raison du manque d'instruction des soldats et même des officiers subalternes et surtout à cause de leur organisation incomplète et défectueuse. Elles sont d'ailleurs très coûteuses à cause de la nécessité de les envoyer en gros pelotons si on ne veut pas les voir se fondre ou déserter en grand nombre.

Le nom de uhlans qu'on donne souvent par erreur à tous les cavaliers, qui font partie des troupes errantes même quand ils ne se servent pas de la lance, et ce que l'on conte sur leurs prouesses ont fait croire à beaucoup de personnes que les Allemands levaient des corps irréguliers et sauvages, impropres au service de reconnaissances et de découvertes, quand au contraire les régiments de uhlans et de hussards ne sont composés que d'une jeunesse instruite et distinguée ayant un esprit cultivé et soumise à une sévère et rigide discipline.

Pendant la guerre, les journaux français ont énormément parlé de l'espionnage prussien et dans beaucoup de villes petites et grandes les habitants ont maltraité quelques personnes soupçonnées d'avoir donné des avis aux généraux ennemis; il nous paraît nécessaire de dire qu'à notre connaissance, depuis le commencement des hostilités, on s'est peu servi de ce mode d'information et que les Allemands ont préféré s'en rapporter aux renseignements recueillis par leurs officiers et leurs soldats.

Avant la guerre, toute la France a été parcourue et visitée par des officiers intelligents qui ont levé des plans, rectifié les cartes du pays, et fait les études topographiques des forteresses, des routes, etc., pour les détails relatifs aux mouvements et opérations militaires; le résultat de ces travaux était depuis longtemps entre les mains de l'état-major pour servir en cas opportun, et l'on n'a eu recours à de nouvelles informations que dans des cas excessivement rares.

Quand on compare le service de vigilance et d'investigation des deux armées belligérantes, on voit, comme en tout du reste, la grande infériorité où se trouvait la France dans cette matière en 1870. Les faits accomplis pendant la guerre démontrant l'incurie, la négligence des chefs et le manque d'organisation, sont tels, qu'avant le commencement des hostilités on les aurait crus invraisemblables.

Nous n'en citerons que deux qui, comme tant d'autres, sont enregistrés dans les dépêches officielles. Peu de jours après la déclaration des hostilités, un lieutenant du septième régiment des uhlans de Prusse avec quelques soldats et des ouvriers des mines de Saarbruk se glissèrent la nuit entre les positions occupées par les Français sur la Saar, arrivèrent près d'un viaduc du chemin de fer qui se trouvait en arrière de la première ligne, le firent sauter et, après avoir mis en émoi les campements de différents corps, se retirèrent sans avoir perdu un seul homme. Dans les combats soutenus par l'armée commandée par le prince royal de Saxe, le 30 août en plein midi, une division française tout entière campée devant Beaumont, sans sentinelles ni avant-gardes, fut surprise par le quatrième corps et forcée de s'enfuir en abandonnant non seulement son artillerie, de nombreux prisonniers et tout le campement, mais encore les marmites et leur contenu ; nous ferons remarquer que ces troupes s'étaient battues quelques heures auparavant et qu'elles se trouvaient faire face à l'ennemi.

De tels faits auraient-ils pu avoir lieu, si les Français avaient pris les précautions que les Allemands prennent, comme nous venons de l'expliquer, avec une imperturbable régularité, non seulement lorsqu'ils campent, mais même lorsqu'ils sont en marche.

CHAPITRE XXV.

PLACES FORTES

Les places fortes de l'Allemagne du Nord se divisent en quatre classes ; cette classification ne se fonde pas seulement sur leur grandeur, mais aussi sur leur importance stratégique, et l'étendue et la solidité de leurs fortifications. Dans les trois premières classes, on en compte 29 ; la quatrième ne comprend que des fortins ; châteaux et tours, qui ne méritent pas l'appellation de forteresses.

Sont de première classe : Kœnigsberg, Dantzick avec Neufahrwasser et Weichselmünde, Magdebourg, Posen, Stettin, Rendsbourg, Cologne et Deutz, Coblentz et Ehrenbreitstein, Mayence avec Kastell et Kœnigstein ;

De seconde classe : Colberg, Torn, Spandau, Glatz, Glogau, Neisse, Erfurth, Minden, la fortification du Jahde, Friedrichsort, Sonderbourg-Düppel, Stralsund,

Torgau, Wesel et les forts de Buderich et Saarlouis;

De troisième classe : Pillau, Grandenz, Lœtzen (fort Boyen), Küstrin, Kosel, Swinemünde et Witemberg,

Toutes ces places sont situées en territoire prussien, excepté Mayence qui appartient au grand duché de Hesse et Kœnigstein au Royaume de Saxe.

Quelques places de première classe, comme Mayence, Kœnigsberg et Magdebourg, ont un gouverneur du grade de général et un commandant de place lieutenant-général; les autres, sauf de rares exceptions, n'ont qu'un commandant qui a sous ses ordres un major de place du grade de major ou de capitaine, un auditeur de guerre, un médecin, un pasteur protestant et un aumônier catholique. Berlin, quoique cette ville ne soit pas fortifiée, a comme gouverneur un général, et comme commandants de place un lieutenant-général et un major, ces deux derniers emplois existent également dans quelques villes non fortifiées, mais qui sont chefs-lieux importants de corps d'armée.

L'Allemagne, dans la position centrale qu'elle occupe en Europe, a la défense de son territoire préparée au moyen de ses places fortes qui, tout en servant à repousser l'envahissement qui pourrait la menacer, peuvent servir à faciliter et appuyer l'entrée de son armée dans les pays limitrophes. Les voies militaires, et principalement les chemins de fer et les télégraphes se concentrent vers les forteresses, lesquelles se trouvent situées sur le bord des rivières ou sur les points les plus favorables au passage de l'ennemi pour le forcer d'en faire le siège ou de changer la direction de sa marche en avant. Dans ces places sont établis les grands magasins du matériel d'artillerie, du génie, du train, de l'armement, des fournitures et harnais de réserve, enfin de tout ce qui est nécessaire aux corps d'armée pour une prompte mobilisation.

Toutes les places fédérales sont fortifiées d'après le système moderne ; quelques-unes ont été déclassées et les autres complètement refaites. Les fortifications consistent en murailles entourant la ville et en fossés qui selon l'élévation du terrain peuvent être inondés ; dans ce cas, les murs des remparts sont construits en maçonnerie.

Les murailles ne sont pas aussi hautes que les anciennes, mais elles sont beaucoup plus larges et peuvent préserver plus facilement les populations des effets destructeurs des canons modernes ; elles ont de distance en distance des angles saillants qui se nomment bastions d'où l'on balaie avec l'artillerie tous les terrains environnants lorsque l'ennemi attaque, et qui se défendent mutuellement par les feux de flancs et croisés. Les bastions sont les principaux éléments de défense ; on y place les pièces en barbette, mais leurs lignes latérales ou flancs sont généralement casematées pour préserver les artilleurs et les pièces du feu des batteries ennemies. Dans les fossés on construit des ouvrages plus petits et plus bas pour augmenter la résistance, on établit aussi des demi-lunes pour couvrir les bastions.

Au bord du fossé commence le terre-plein appelé glacis qui descend en pente vers la plaine et protège les murailles ou du moins sa base de ciment ; il doit avoir à cent pas une plantation d'arbres ou d'arbustes que l'on coupe au moment où l'ennemi approche, laissant dépasser les racines pour empêcher les derniers travaux de sape en cas d'attaque.

En dehors du glacis et couvert par les feux de la place, on construit dans les petites forteresses et dans les grandes, des forts complètement détachés avec ouvrages avancés qui peuvent se défendre isolément ; ces différents ouvrages sont construits très solidement et ne peuvent être pris qu'après un siège en règle. Les forts sont d'une grande utilité pour la défense, car sans eux Paris, et Metz qui en a également, n'auraient pu résister pendant si longtemps et auraient succombé comme Strasbourg qui n'en avait pas; mais ils ont l'inconvénient, s'ils sont pris, de battre les bastions d'une manière irrésistible. Les anciennes places ont toutes une citadelle qui consiste généralement en une plus petite fortification enclavée dans la grande; son but était à la fois militaire et politique puisqu'on comptait sur elle pour que la garnison pût se défendre au cas où la ville serait prise par l'ennemi et en même temps pour soumettre les rébellions ou révoltes des habitants. C'est pour cela qu'on les construisait en dedans de l'enceinte sur la ligne des murailles avec une face sur la campagne et une autre sur la ville qui se trouvait alors sous le feu des canons ; elles ont été très utiles dans la dernière guerre pour renfermer les nombreux Français prisonniers de guerre, sans augmentation de la garde ordinaire.

Nous ne croyons pas qu'aucune des places fortes de la Confédération ait été mise en état de défense; celles que nous avons vues après la déclaration de guerre n'avaient pas de palissades, elles conservaient encore au pied des glacis leurs bois touffus avec leurs maisonnettes et leurs jardins ; mais il y avait quelques préparatifs et les canons étaient en batterie, aussi, en cas d'invasion des Français, il eût été extrêmement facile d'organiser une résistance formidable. Selon ce que nous avons entendu, les officiers du génie avaient réuni tout le matériel nécessaire pour construire des mines blindées, perforer les contre-mines rapidement et les faire sauter au moyen de l'électricité et de combinaisons chimiques.

En conséquence du succès qu'ont eu les Allemands dans la prise des places assiégées en France pendant la dernière guerre, excepté Bitche si imprenable que les Autrichiens ne purent s'en rendre maîtres, en 1793 ni les Prussiens en 1797, on discute avec beaucoup d'intérêt en Allemagne si on doit renoncer aux fortifications permanentes dans les villes pour économiser les dépenses qu'elles occasionnent et les sacrifices qu'elles imposent ; mais presque tous ceux qui proposent la suppression de ces moyens de défense proposent également l'établissement de camps retranchés qui ont presque tous ces inconvénients sans en avoir les avantages.

Les adversaires des forteresses disent qu'on doit les considérer comme inutiles et donnent comme exemples : la grande place d'Olmütz qui était appuyée par une armée et ne put empêcher les Prussiens en 1866 d'avancer sur Vienne, et celles moins importantes de Strasbourg et de Metz ; cette dernière surtout avec une armée campée sous ses murs fut impuissante à arrêter la marche des colonnes prussiennes sur Paris. Ces deux cas sont excessivement rares dans les annales de la guerre et ne démontrent pas l'inutilité des places fortes ; elles font sentir au contraire le puissant concours qu'elles peuvent prêter à la défense d'un pays envahi [1].

On ne doit pas prendre comme base les succès extraordinaires de la campagne de Bohême qui remplirent d'étonnement ceux qui ne connaissaient pas l'organisation prussienne et la force de son armée, laquelle, en huit jours, mit les Autrichiens en déroute à Gilschin, Skalitz, Langensalza, Bürgersdorf, Nachod et Münchengratz, puis couronna ses rapides victoires par la mémorable bataille de Sadowa. L'armée autrichienne en complète déroute, démoralisée et sans force pour prendre l'offensive, ne put que se réfugier sous Olmütz, et Guillaume Ier n'eut qu'à laisser un corps en observation devant cette place pour continuer sa marche vers le Danube, sûr de ses flancs et de son arrière-garde. Mais personne ne peut nier que si la place d'Olmütz n'arrêta pas le roi de Prusse, elle servit du moins à recueillir les troupes autrichiennes qui, vingt-quatre heures plus tard, tombaient au pouvoir de l'ennemi.

Les sièges de Metz et de Paris, villes qui n'ont été prises que par la famine, auraient peut-être changé la face de la guerre, sans la marche fatale du maréchal Mac-Mahon sur Sedan et la non moins incompréhensible manœuvre du maréchal Bazaine s'enfermant derrière les forts d'une place ; ces généraux privèrent ainsi la France de deux armées presqu'au commencement de la campagne. Malgré tous ces désastres, qui ne peuvent être comparés qu'à la triste fin des huit divisions du général Bourbaki, qui pour dégager Belfort, allèrent s'écraser contre les forces du général de Werder, lequel avait soigneusement étudié les positions à faire occuper par ses troupes, et aussi malgré le peu d'entente, l'anarchie et la perturbation qui existaient en ce moment dans l'armée française, avec des généraux improvisés qui n'inspiraient aucune confiance et qui étaient forcés d'obéir aux ordres qui leur étaient envoyés à grande distance, sans état-major pouvant mériter ce nom, sans administration militaire, sans matériel suffisant, avec des recrues et soldats nouveaux, attribuant l'insuccès à la trahison, à l'ineptie et à l'ignorance de leurs chefs ; malgré tout cela, et seulement avec la défense de deux grandes places et de quelques autres moins importantes, le gouvernement a pu pendant six mois compter sur des événements imprévus pouvant éviter à la France une partie des humiliations auxquelles elle a dû malheureusement se soumettre [2].

Il est bien évident que la France devait être vaincue, en raison de la grande infériorité de son armée ; mais supposons au contraire ses forces triplées comme nombre, instruites et dirigées avec intelligence pour une invasion en Allemagne, il est certain qu'il y aurait eu des efforts gigantesques à faire pour conquérir et occuper un pays couvert de places fortes depuis le Rhin jusqu'à la Vistule, ainsi que cela a eu lieu pendant la dernière guerre pour le territoire français de Strasbourg au Hâvre et de Tours à Saint-Quentin.

CHAPITRE XXVI

MINISTÈRE DE LA GUERRE

Nous avons déjà dit dans le chapitre V que la direction et l'administration de l'armée étaient centralisées au ministère de la guerre. Il existe en outre un cabinet militaire du roi ayant dans ses attributions : d'abord, de connaître de toutes les affaires concernant le commandement des troupes de la confédération que le roi dirige comme généralissime, et de le suivre en campagne pour entretenir des relations continuelles avec le ministère; ensuite, de s'occuper sous les ordres du ministre, en tant que division du ministère de la guerre, de tout ce qui a trait au personnel des généraux et officiers supérieurs jusqu'au grade de major inclusivement.

Les nominations et promotions relèvent directement du cabinet militaire du roi. Les propositions sont faites par le ministre de la guerre pour les officiers du ministère; par le chef de l'état-major pour les officiers d'état-major; par les généraux de division pour l'infanterie et la cavalerie ; par l'inspecteur des chasseurs et des fusiliers pour les officiers de ces bataillons ; par les inspecteurs d'artillerie, du génie ou du train pour les officiers de ces diverses armes. Les nominations, promotions, licenciement et retraites des officiers supérieurs sont faits ou accordés en vertu de propositions présentées par le ministre et le chef du cabinet militaire réunis, sauf les cas où le roi décide directement proprio motu.

Le ministère de la guerre comprend deux départements : le premier est désigné département général de la guerre et le second département économique. Une division centrale enregistre l'arrivée et l'envoi des dépêches et documents ; elle est chargée aussi de la garde des archives, de l'expédition des ordres, des communications, des ordres du jour, et s'occupe des affaires pendantes, du personnel et de l'intendance.

Le département général de la guerre se subdivise en cinq divisions, dont les noms et les attributions sont les suivants :

Première division. — Division des affaires militaires A. Organisation et mobilisation, affaires générales concernant l'armée active et la landwehr, matières spéciales regardant l'infanterie y compris les chasseurs et les fusiliers, affaires de la cavalerie, état-major, exercices et manœuvres, recrutement et émigration, dislocation des troupes, volontaires, garnisons, décorations, mémoires, rapports détaillés, justice militaire, discipline, police, musique, solde. De cette division dépendent en outre : l'école de tir, l'école de cavalerie, l'académie centrale de gymnastique et l'école militaire d'art vétérinaire.

Deuxième division. — Division des affaires militaires B. — Établissements d'éducation et d'instruction, corps des cadets, jurys d'examen pour les porte-enseigne, conseil supérieur pour les examens militaires, écoles de guerre, écoles d'artillerie et de génie, académie de guerre, écoles de garnison pour les enfants de troupe fils de soldats, caporaux et sergents, legs et donations, sociétés de vétérans, associations pour les enterrements, affaires ecclésiastiques et personnel de l'aumônerie militaire, compagnies d'ouvriers, compagnies de discipline, gendarmerie, prisons, police politique et de guerre, personnel médical et affaires sanitaires, placement des anciens militaires dans des emplois civils, train, marches, ouvrages littéraires, conventions, affaires politiques, affaires concernant la confédération de l'Allemagne du Nord.

Troisième division. — Division de l'artillerie. — Armement, munitions, parcs, dépôts d'artillerie, organisation de l'arme, fabrique d'armes.

Quatrième division. — Division facultative de l'artillerie. — Ateliers d'artillerie, ouvriers spéciaux, laboratoires, fonte des canons, fabriques de poudre.

Cinquième division. — Division du génie. — Fortifications, chemins de fer, télégraphes, équipages de ponts, sapeurs, mineurs, pontonniers et pionniers.

Le département économique comprend quatre divisions : la première pour les états et la comptabilité; la seconde pour les subventions militaires de voyages et de transports; la troisième, pour l'habillement et l'équipement; enfin la quatrième, pour les hôpitaux, quartiers, et autres établissements militaires des villes ayant garnison.

Indépendamment de ces divisions que nous venons de citer, le ministre en a encore sous ses ordres deux autres qui s'occupent, l'une des invalides, l'autre de la remonte.

Les deux grands départements généraux du ministère, le cabinet militaire du roi et la division de remonte ont à leur tête des lieutenants-généraux ou des majors généraux; les autres divisions sont dirigées par des colonels ou des lieutenants-colonels, et les subdivisions, pour les objets particuliers que comprend chaque division, par des majors ou des capitaines.

CHAPITRE XXVII

ADMINISTRATION MILITAIRE

Le ministre de la guerre ne s'occupe que de la direction tout à fait supérieure de l'administration, laquelle est entre les mains d'un intendant général. C'est à ce dernier que sont dévolus tous les soins de la comptabilité qui dépend directement, ainsi d'ailleurs que toutes les branches administratives de l'État, de la chambre supérieure des comptes qui équivaut au tribunal des comptes en Espagne.

L'administration militaire suit deux directions différentes : d'une part, elle fonctionne comme administration territoriale et a des emplois fixes dans des localités invariablement désignées, car les troupes sont considérées comme les accessoires indispensables de la région ; et d'autre part, les troupes sont le seul but de son activité, avec une indépendance complète quant aux points qu'occupent ces troupes. C'est-à-dire que l'administration, quels que soient les points du territoire occupés par les régiments, a des lieux de résidence fixes, et qu'elle n'a à s'occuper que de leurs besoins avec une entière liberté d'action. Pour obtenir une unité absolue, l'administration d'un corps d'armée est confiée en temps de paix à un intendant militaire qui dirige tous les services du corps et a sous ses ordres les officiers inférieurs et les intendants divisionnaires; en cas de guerre il part avec le corps d'armée, et dès le moment de la mobilisation il est remplacé dans ses fonctions territoriales par un autre intendant. Chaque circonscription de corps d'armée possède donc une intendance militaire qui pendant la paix pourvoit à tous les besoins, non seulement des troupes appartenant aux divisions du corps d'armée, mais encore des invalides, des écoles, et des autres établissements militaires. Cette intendance est subdivisée en quatre sections, de même que le département économique du ministère de la guerre; en temps de guerre elle reste constituée sur les mêmes bases, elle prend le titre d'intendance provinciale et est chargée de fournir tout le nécessaire aux troupes formées et mobilisées dans la circonscription.

L'administration territoriale comprend les services du pain, des fourrages, des logements, du combustible[1], des hôpitaux, et tout ce qui se rapporte aux besoins d'une garnison, comme les corps-de-garde, les grands hangards pour l'instruction des soldats pendant l'hiver, les magasins de provisions et les dépôts d'ustensiles.

Dans toutes les places fortes et dans les villes ouvertes où résident des troupes, il y a un commissaire pour la fourniture du pain, des fourrages, et des entrepôts d'avoine, de foin, de paille, de seigle et de farine : matières qui sont achetées sur les marchés publics ou directement aux agriculteurs. La farine emmagasinée en temps de paix dans les entrepôts du territoire de la Confédération peut suffire aux besoins de toute l'armée pendant un an.

Le pain est cuit dans des fours militaires établis dans beaucoup de garnisons ou bien dans des établissements particuliers.

Dans les endroits où les garnisons sont très faibles, il n'y a point de commissaire et les rations de pain et de fourrage sont fournies par des entrepreneurs qui passent des contrats avec l'administration.

Pour le service des casernes et des établissements militaires, excepté pour celui des hôpitaux, il y a des employés administrateurs qui relèvent de l'intendance dans les mêmes conditions que les commissaires délégués aux fournitures. Dans les villes de peu d'importance, l'administration est entre les mains des maires et prend le nom d'administration municipale de garnison, pour la distinguer de l'administration purement militaire qui s'appelle administration royale de garnison. La loi indique d'ailleurs la forme dans laquelle les maires ou bourgmestres doivent rendre leurs comptes à l'intendance et percevoir la rémunération de leurs peines, laquelle est absolument identique à celle donnée aux employés de l'administration.

Chaque ville ayant une garnison possède également un hôpital militaire appelé Lazaret, dont l'administration est confiée à un conseil composé d'un officier, major, capitaine ou lieutenant suivant l'importance de l'établissement, d'un médecin et d'un comptable. Ces conseils d'administration sont subordonnés à l'intendance du corps d'armée, excepté pour tout ce qui a rapport au service de santé, lequel regarde seulement le médecin en chef du corps qui, si besoin est, s'entend pour cela avec l'intendant.

Comme nous l'avons dit, chaque division a un service d'intendance qui s'occupe de la solde, de la manutention, de l'équipement et de l'habillement des troupes.

Le seul objet dont ne s'occupe pas l'intendance est l'armement, qui dépend directement du ministre de la guerre.

CHAPITRE XXVIII

**ADMINISTRATION ÉCONOMIQUE DES CORPS ;
HABILLEMENT ; ÉQUIPEMENT ET FOURNITURES.**

Tous les régiments d'infanterie, de cavalerie, et d'artillerie, les bataillons de chasseurs, de fusiliers, du génie et du train ont un fonds de prévoyance désigné sous le nom de « Fonds d'anticipation pour les dépenses » administré par un conseil nommé commission de trésorerie et composé du chef du corps, d'un capitaine, et de l'officier payeur.

Ce conseil ordonnance tous les payements pour les dépenses supplémentaires, ordinaires et extraordinaires, les indemnités de logement pour les individus non logés dans les quartiers militaires, les indemnités de voyage et de transport. Les comptes arrêtés chaque mois sont remis à l'intendance divisionnaire qui les approuve après vérification, et en ordonne le payement à une caisse publique. Les bataillons et les sections qui ne font partie d'aucune brigade envoient leurs comptes à l'intendance du corps d'armée. Toutes les caisses de l'armée liquident leurs comptes chaque année avec la caisse centrale militaire de Berlin, et tous les ans ou même plusieurs fois par année elles sont inspectées sans avis préalable par un employé vérificateur de l'intendance commissionné par le ministre, qui fait le bilan aussitôt qu'il se présente avec un ordre en règle.

Chaque arme s'occupe de l'habillement et de l'équipement des hommes, ainsi que de la conservation et de la réparation des armes. Les dépôts fournissent seulement le drap pour les uniformes, mais les corps en payent le montant suivant des prix fixes établis par le ministre de la guerre. L'État donne un modèle approuvé par le roi, de chaque article d'habillement ou d'équipement et les corps font confectionner par leurs ouvriers les uniformes dont ils ont besoin. Les réparations des armes sont faites par les armuriers qui sont attachés à chaque bataillon, escadron, et batterie. De deux en deux ans, les habillements, l'équipement, et les armes de chaque corps sont inspectés, et les comptes sont examinés par une commission composée d'un général et d'un officier de l'intendance; cette commission dresse un mémoire écrit déclarant si les effets sont en bon état et si les fonds dépensés pour l'acquisition et la conservation des objets ont été bien employés. Les économies qui ont pu être faites sur l'équipement et l'habillement sont acquises au corps et servent à augmenter ses réserves.

Pour qu'en cas de guerre, l'armée puisse être facilement ravitaillée et munie de ce dont elle a besoin, une loi porte que du jour de la mobilisation le pays doit fournir des vivres et des fourrages, en échange de bons payables pendant un an à partir de la conclusion de la paix et jouissant d'un intérêt de 4 pour 100 l'an. La répartition des fournitures à faire par les provinces doit être faite par le ministre de l'intérieur et les transports sont à la charge de l'intendance, laquelle établit des magasins de réserve sur la frontière et des magasins d'étapes sur le territoire ennemi. Pour les diriger et les surveiller, on désigne un intendant par armée et les commissaires d'étapes nécessaires.

Pendant les deux dernières guerres le gouvernement s'est peu servi des avantages que lui donne cette loi, préférant passer des contrats avec des fournisseurs pour les approvisionnements de vivres et de fourrages, ce qui est de beaucoup plus avantageux et plus économique, et occasionne moins de pertes et de désagréments aux populations. L'intérêt particulier fait que l'on soumissionne les fournitures à des prix très peu élevés, que les transports sont mieux routés et établis et qu'on réalise ainsi une grande économie. Le service administratif a beaucoup moins de dépenses à faire et l'on soustrait les municipalités, les agriculteurs et les propriétaires à l'odieuse et vexatoire obligation de livrer leurs denrées alors qu'ils ne veulent pas les vendre à des prix fixés par l'administration.

Toutefois l'existence de la loi est très nécessaire, car elle régularise cette branche des services tant au point de vue des livraisons qu'à celui du payement de leur montant; s'il est utile de recourir à elle dans des cas absolument indispensables elle rend impossibles en Allemagne les abus qui ont existé en Espagne pendant la durée et à la suite des guerres civiles. N'a-t-on pas vu en effet des fortunes improvisées ou accrues dans des proportions considérables aux dépens du trésor national? — Sans aucun doute il suffisait d'avoir une disposition légale établissant que les bons devaient être présentés pour être vérifiés et liquidés dans l'année courante après la guerre, sans pouvoir obtenir plus de trois mois de sursis, pour que ne puisse se produire en Espagne la quantité énorme de falsifications que la voix publique a dénoncées souvent et flétries énergiquement, et que maintes fois les tribunaux ont condamnées sur des preuves irrécusables.

CHAPITRE XXIX

SOLDES.

A l'aide d'un état que nous avons eu sous les yeux et comprenant toutes les soldes personnelles et de représentation payées à l'armée prussienne pendant le mois de février 1870, il nous a été possible d'établir les soldes annuelles. La diversité des assignations est telle et l'absence d'un système uniforme et logique si grande, qu'il est utile de publier la liste complète pour s'en rendre un compte bien exact.

Comme les différences de solde qui existent entre les régiments des diverses armes sont de peu d'importance et n'atteignent pas d'ailleurs tous les grades mais se limitent à quelques-uns seulement suivant le corps, il suffira au lecteur de connaître les soldes qui diffèrent le plus, c'est-à-dire le maximum et le minimum, pour pouvoir en déduire une moyenne à peu près juste.

Les officiers généraux reçoivent une solde personnelle inhérente à leur grade et une solde de représentation qui varie suivant les fonctions qu'ils remplissent.

SOLDE PERSONNELLE[1].

Francs.

Maréchal. — Le grade n'a pas de solde fixe dans les ordonnances prussiennes ; le roi l'établit à chaque promotion. Le comte de Wrangel est le seul maréchal prussien actuellement existant.[2] . . . . 50 000 »
Général . . . . 14 000 »
Lieutenant-général. . . . . 14 000 »
Major général . . . . 10 500 »

SOLDE DE REPRÉSENTATION :

Commandant général d'un corps d'armée. . . . . 17 500 »
Commandant d'une division. . . . . 4 200 »
Commandant d'une brigade. . . . . 1 050 »
Chef d'état-major général[3] . . . . 7 000 »
Inspecteur du génie. . . . . 4 200 »
Inspecteur d'artillerie . . . . 4 200 »
Commandant de la place de Mayence. . . . . 17 222 »
Commandant d'une place de premier rang. . . . . 11 550 »
—   de deuxième rang. . . . . . 8 925 »
—   de troisième rang. . . . . . 7 000 «
Gouverneur de Berlin . . . . 12 600 »
—   de Breslau. . . . . 11 550 »
—   des villes de premier rang . . . 10 500 »
—   de second rang. . . . 7 854 »
—   de troisième rang . . 6 300 »

Ainsi si un lieutenant-général est chef d'un corps d'armée, il reçoit une solde personnelle de 14,000 francs et une solde de représentation de 17,500 francs, soit en tout 31,500 francs; s'il commande une division il a pour son grade 14,000 francs et pour représentation 4,200 francs, soit 18,200 francs. Si un major général est à la tête d'une division il touche d'abord 10,500 francs, et 4,200 francs total 14,700 francs; s'il commande une brigade, il perçoit 10,500 francs et 1050 francs, ce qui donne 11,550 francs.

Les colonels chefs d'une brigade reçoivent une solde personnelle de 9,100 francs, et une solde de représentation de 1050 francs, soit 10,150 francs.

La solde du corps d'état-major est la suivante :

Les neuf plus anciens colonels.	10 100 fr.
Les quatre suivants.	9 100 »
Les quatre plus récents.	7 875 »
Les lieutenants-colonels.	6 650 »
Les majors.	4 550 »
Les capitaines de première classe.	3 500 »
— de seconde classe.	1 750 »

Dans l'état-major il n'y a point de grade inférieur à celui de capitaine ; les lieutenants ou même les sous-lieutenants qui entrent dans le corps sont immédiatement promus à ce grade.

Solde pour le 1ᵉʳ régiment de la garde royale.

Commandant du régiment [4] solde.	9 100 »	
— — gratification pour la table	1 700 »	11 010 »
— — gratification pour l'habillement [5].	210 »	

		Francs.
Chef de bataillon et major chargé du détail, solde	6 650 »	
— — gratification pour la table	1 700 »	8 560 »
— — gratification pour l'habillement	210 »	
Capitaine de 1re classe, solde	4 548 »	
— — gratification pour la table	850 »	5 608 »
— — gratification pour l'habillement	210 »	
Capitaine de 2e classe, solde	2 520 »	
— — gratification pour la table	850 »	3 580
— — gratification pour l'habillement	210 »	
Capitaine de 3e classe, solde	1 680 »	
— — gratification pour la table	504 »	2 394 »
— — gratification pour l'habillement	210 »	
Lieutenant en 1er, solde	1 260 »	
— — gratification pour la table	504 »	1 974 »
— — gratification pour l'habillement	210 »	
Lieutenant en second, solde	966 »	
— — gratification pour la table	504 »	1 680 «
— — gratification pour l'habillement	210 »	
Officier payeur, solde		1 386 »
Sergent en premier, solde	525 »	
— — gratification pour la table	175 »	700 »

Porte-enseigne, solde.	357 »	*Francs.*
— gratification pour la table.	252 »	609 »
Vice-sergent en premier, solde . . . . ,	477 »	
Sergent en second —	378 »	
Caporal de première classe —	315 »	
Caporal de seconde classe —	273 »	
Caporal de troisième classe —	231 »	
Tambour du régiment —	327 »	
Tambour de bataillon —	273 »	
Clairon et fifre de 1re classe —	273 »	
— — de 2e classe —	231 »	
Soldats exempts de corvées [6] —	168 »	
Soldats et musiciens —	126 »	
Armurier —	273 »	

Les autres régiments de la garde royale et ceux de la ligne reçoivent :

Commandant de régiment.	8 750 »
Chef de bataillon et major chargé du détail.	6 300 »
Capitaine de 1re classe	4 650 »
— 2e classe.	2 325 »
— 3e classe.	1 470 »
Lieutenant en premier.	1 050 »
second.	840 »
Officier payeur.	1 120 »
Sergent en premier.	525 »
Porte-enseigne	357 »
Vice-sergent en premier. . . . . , . .	441 »
Sergent en second. . . . . ,	357 »
Caporal de 1re classe.	266 »
— 2e classe.	231 »
— 3e classe.	189 »
Tambour de régiment, ...	278 »
Tambour de bataillon.	231 »

Clairon et fifre. . . . . 231 »
Soldats exempts de corvées. . . . . 147 »
Soldats et musiciens. . . . . 105 »
Armurier. . . . . 217 »

Perçoit le régiment de cavalerie des gardes du corps

Commandant du régiment
  — solde. . . , ... 9 464 » ⎫
  — gratification pour la
     table . . . . . . 1 700 » ⎬ 11 374 »
  — gratification pour l'ha-
     billement . . . . 210 »   ⎭

Lieutenant-colonel, ou major commandant un
  escadron ou chargé
  du détail, solde. . 7 021 » ⎫
  — — gratification pour la
     table. . . . . . . 1 700 » ⎬ 8 931 »
  — — gratification pour l'ha-
     billement. . . . . 210 »   ⎭

Capitaine de 1re classe, solde . . . . 4 928 » ⎫
  — — gratification pour la
     table. . . . . . . 850 » ⎬ 5 988 »
  — — gratification pour l'ha-
     billement. . . . . 210 »   ⎭

  — 2e classe, solde. . . . . 2 520 » ⎫
  — — gratification pour la
     table . . . . 850 » ⎬ 3 580 »
  — — gratification pour l'ha-
     billement . . . . . 210 » ⎭

Lieutenant en premier, solde . . . . 1 351 » ⎫
  — — gratification pour la
     table . . . . 499 » ⎬ 2 060 »
  — — gratification pour l'ha-
     billement . . . . . 210 » ⎭

Lieutenant en second, solde	798 »		
— — gratification pour la table	499 »	1 507 »	
— — gratification pour l'habillement	210 »		
Officier payeur solde.		1 568 »	
Les 4 maréchaux des logis en premier les plus anciens. . . .			
— — solde	585	760 »	
— — gratification pour la table	175		
Les 4 maréchaux des logis les plus récents			
— — solde	585 »	647 50	
— — gratification pour la table	62 50		
Porte-étendard solde	357 »	532 »	
— gratification pour la table	175 »		
Vice-maréchal des logis en premier, solde.		462 »	
Maréchal des logis en second —		420 »	
Brigadier de première classe —		357 »	
— 2ᵉ — —		315 »	
— 3ᵉ — —		273 »	
Premier trompette . —		294 »	
Second — —		231 »	
Vétérinaire . —		1011 50	
Maréchal ferrant —		378 »	
Soldats exempts de corvée —		251 »	
Soldats jouissant d'une haute paye —		187 »	
Soldats et musiciens —		146 50	
Maître sellier —		315 »	
Maître armurier —		259 »	

Les autres régiments de la garde et les régiments de l'armée touchent :

Commandant de régiment	solde........	9 100 »
Lieutenant-colonel et major commandant un escadron ou chargé du détail	—	6 650 »
Capitaine de 1re classe	—	4 548 »
— 2e —	—	2 520 »
— 3e —	—	1 680 »
Lieutenant en premier	—	1 260 »
— second	—	966 »
Officier payeur	—	1 351 »
Maréchal des logis en premier	—	585 »
Porte-drapeau	—	357 »
Vice-maréchal des logis en premier	—	441 »
Maréchal des logis en second	—	399 »
Brigadier de 1re classe	—	336 »
— 2e —	—	294 »
— 3e —	—	249 50
Premier trompette	—	270 50
Second trompette	—	207 50
Vétérinaire	—	1 226 50
Maréchal ferrant	—	343 »
Soldats exempts de corvées	—	207 50
Soldats et musiciens	—	132 50
Maître sellier	—	280 »
Maître armurier	—	245 »

Pour les bataillons de chasseurs et de fusiliers la solde est la même que pour l'infanterie; les sergents, les caporaux et les soldats exempts de corvées reçoivent cependant une paye de 0 fr. 17 en plus.

Le train reçoit une solde égale à peu de chose près à la solde de la cavalerie.

Les officiers du génie qui commandent les bataillons ou qui remplissent des charges actives touchent la solde suivante.

Les trois inspecteurs de district les plus anciens.	9 100	»
Les autres inspecteurs.	7 875	»
Les lieutenants-colonels ou majors sous leurs ordres.	6 650	»
35 capitaines de 1re classe à,	4 550	»
41 capitaines de 2e classe à.	2 520	»
9 capitaines de 3e classe à.	1 700	»
38 lieutenants en premier à.	1 260	»
74 lieutenants en second à.	1 200	»
44 lieutenants en second à.	714	»

Les commandants des régiments d'artillerie et les officiers reçoivent exactement la même solde que ceux du premier régiment d'infanterie de la garde, excepté les gratifications pour la table et l'habillement. Il n'y a qu'une différence insignifiante pour la paye de la troupe.

Les capitaines d'artillerie des places fortes ont la même solde que les capitaines du génie ; mais ils ne comprennent que deux classes, au lieu de trois comme ces derniers.

Les maîtres pyrotechniciens et les chefs de fabrique de poudre touchent 2800 francs. Les inspecteurs d'étapes, qui sont généralement des majors de la landwehr ou quelquefois des capitaines des plus anciens, reçoivent 4200 francs. »

Les aides de camp du roi, en outre de la solde de leur grade qu'ils conservent dans leurs régiments, touchent une allocation de 7000 francs, quel que soit leur grade.

Les aides de camp des généraux n'ont aucune gratification.

En temps de paix, dans les bataillons de landwehr, un commandant, un lieutenant en second, un officier payeur, un sergent en premier reçoivent une solde qui est égale à celle des régiments de ligne ; en temps de guerre les corps de landwehr sont complètement assimilés à l'armée active pour la solde.

Le major de place de Berlin, quel que soit son grade, reçoit. . . . . 4 200 »
Les majors de place de Breslau et Potsdam. . . . . . . 2 800 »
Les majors de place des villes de 1ᵉʳ rang . . . . 2 800 »
    —   —   2ᵉ   —   2 100 »
    —   —   3ᵉ   —   1 750 ›

Dans les capitales de districts militaires qui ne sont pas fortifiées, les charges de gouverneur et de major de place sont remplies : la première par le commandant général ou supérieur des troupes de la garnison, la seconde par un major, un capitaine ou un lieutenant, et ils ne reçoivent comme solde supplémentaire que 35 à 87 fr. 50 par mois pour les frais de bureau suivant les lieux de garnison.

Toutefois le gouverneur et le major de place sont toujours logés gratuitement.

Les officiers célibataires de tous les corps de l'armée ont aussi la faculté de se loger aux frais de l'État dans les casernes.

Les membres du corps de santé reçoivent la solde suivante :

Médecin général de l'armée	8 750 »
Médecin de corps d'armée	5 250 »
Médecin en chef de garnison ou de régiment	2 450 »
Médecin en second	1 750 »
Médecin en troisième	1 400 »

CHAPITRE XXX

RÉCOMPENSES

On récompense en Prusse les actions d'éclat par l'avancement, les décorations, et les citations à l'ordre du jour lues devant le front des troupes.

Nous avons déjà dit que dans l'armée allemande on ne connaissait pas les grades nominaux supérieurs aux fonctions que l'on exerce, comme cela se pratique en Espagne.

Depuis le grade de sous-lieutenant jusqu'à celui de major inclusivement pour remplir les fonctions de ces grades il faut absolument que les places soient vacantes parce qu'il n'y a pas d'officiers de remplacement ni d'officiers à la suite. Pour les emplois de lieutenant-colonel ou de colonel il y a plus de facilité, car en effet le major qui obtient le premier de ces grades peut continuer à commander un bataillon ou un escadron, et un lieutenant-colonel qui est promu au second peut commander un régiment s'il est déjà à sa tête.

Cependant les promotions pour actions de guerre sont faites avec beaucoup de parcimonie et l'on peut dire que la règle générale qui compte très peu d'exceptions est que, pendant la campagne, la moitié seulement des vides est comblée, et que l'autre moitié reste pour faciliter l'avancement après la fin des hostilités. On a agi de cette façon en 1864 et 1866 ; aussi au moment de la déclaration de guerre avec la France a-t-il fallu faire un nombre considérable de nominations pour compléter les cadres de tous les corps.

Le fait pour un militaire d'avoir pris part à un ou à plusieurs combats ne lui donne nullement le droit de recevoir une récompense s'il ne s'est signalé personnellement par une action d'éclat importante ou par son intelligence excessive. La position d'un officier n'est guère améliorée parce qu'il a fait une ou deux campagnes, les Allemands pensant qu'en combattant contre l'ennemi national il ne fait que remplir les devoirs de sa profession.

Ce système, suivi avec rigorisme, impartialité et justice, maintient l'esprit d'élévation qui doit exister dans tout corps d'officiers. Nous avons connu des militaires distingués âgés de quarante ans qui, après avoir fait de brillantes études à l'Académie de guerre, avoir suivi les campagnes de Sleswig-Holstein, de

Bohême et de France, se croyaient assez favorisés et honorés en ayant conquis le grade de capitaine ; en Espagne des officiers dans des conditions semblables estiment éprouver un grand préjudice et presque un affront en étant colonels.

En Allemagne, la valeur, l'habileté, l'instruction, la pratique de l'officier depuis le moment où il fait partie de l'armée jusqu'à celui où l'âge l'oblige à se retirer, profitent au bien de la patrie et la solde qu'il reçoit est la rémunération de ses longs et loyaux services non interrompus. Malheureusement il n'en est pas ainsi en Espagne, où une prodigalité excessive pour accorder des grades éloigne de l'armée une brillante jeunesse, et cela au moment où elle pourrait être utile à l'État ; condamnée à l'oisiveté, sans stimulant pour l'étude et le travail, séduite par les facilités du remplacement, elle abandonne une carrière où elle ne trouve pas d'aliments pour son activité, préférant se retirer de bonne heure pour jouir des avantages pécuniaires qu'offre la vie civile.

En Prusse lorsqu'un officier a l'intention de servir dans l'armée active et de faire sa carrière de l'état militaire, il change rarement d'avis et ne prend sa retraite que lorsque vieux, infirme ou malade il ne peut plus en supporter les fatigues ; si au contraire il entre dans l'armée pour satisfaire seulement à la loi, avec l'idée de se retirer, il le fait en temps de paix mais conserve son grade sans solde pour servir lorsque la guerre survient.

Les décorations prussiennes sont [1] :

L'ordre de l'Aigle noir.

L'ordre de l'Aigle rouge.

L'ordre de la Couronne.

L'ordre du Mérite.

La croix de fer.

La médaille militaire.

L'ordre de Louise.

La médaille de fer.

L'ordre de l'Aigle noir, institué par l'électeur de Brandebourg en 1701, le lendemain de son avènement au trône de Prusse, n'a que des grands colliers et des grand'croix et n'est donné au titre militaire qu'aux maréchaux et aux généraux.

L'Aigle rouge a des Grand'Croix et est divisé en quatre classes.

La grand'croix est accordée aux généraux et lieutenants-généraux, mais il faut pour cela qu'ils aient été pendant au moins cinq ans titulaires de la Croix de première classe.

La croix de première classe est donnée aux lieutenants-généraux et majors généraux possesseurs depuis cinq ans au moins de la croix de seconde classe.

La croix de seconde classe se donne aux majors généraux et aux colonels, à la condition d'avoir porté au minimum pendant cinq ans la croix de troisième classe.

La croix de troisième classe peut être octroyée aux colonels, lieutenants-colonels, ou majors, porteurs depuis cinq ans au moins d'une autre décoration.

Enfin la croix de quatrième classe est donnée aux officiers subalternes.

L'ordre de la Couronne ne possède pas de grand'-croix et compte quatre classes. Il est concédé alternativement avec l'ordre de l'Aigle rouge, c'est-à-dire que l'on ne peut porter les deux ordres en même temps ; chaque fois que l'on en reçoit un on change de décoration. Par exemple un chevalier de première classe de l'Aigle rouge qui est nommé chevalier de première classe de la Couronne porte uniquement la décoration de l'ordre de la Couronne et la croix est ornée d'une guirlande circulaire aux couleurs de l'Aigle rouge ; si au contraire un chevalier de la Couronne reçoit l'Aigle rouge, il porte les insignes de ce dernier ordre et la croix a une guirlande aux couleurs de la Couronne ; de cette façon, jamais on ne peut avoir en même temps le même grade dans les deux ordres.

Comme l'Aigle rouge et la Couronne sont des ordres non seulement accordés aux militaires mais également aux civils ; lorsqu'ils sont accordés pour faits d'armes la croix porte deux épées croisées au centre.

L'ordre du Mérite a été établi par Frédérick II et est donné fort rarement. Il ne comprend qu'une classe et se porte appendu au cou comme les croix de commandeur espagnoles.

C'est la seule décoration que portent journellement le Roi, le prince Royal, le prince Frédérick-Charles, et les généraux de Moltke et de Roon.

La Croix de Fer fut créée en 1813 dans le seul but de récompenser les actes de valeur accomplis pendant la guerre contre la France et cessa d'être donnée depuis la bataille de Waterloo ; cependant au début des hostilités en 1870, le roi de Prusse a rétabli cet ordre dans le même dessein [2]. Il compte deux classes : la première pour les actes extraordinaires de courage, et la seconde pour les actions d'éclat remarquables mais de moindre importance ; d'ailleurs l'une et l'autre sont données à tous ceux qui les méritent, quelle que soit leur position dans l'armée, qu'ils soient simples soldats ou généraux.

Si un militaire décoré de la Croix de Fer meurt à l'ennemi, son fils aîné en hérite et la porte, à moins qu'il ne soit considéré comme indigne.

La Médaille militaire que l'on donne pour la prise de canons ennemis, est également accordée aux soldats et aux officiers.

Ni la Médaille militaire, ni la Croix de Fer, n aucune décoration prussienne, ne sont données plusieurs fois au même individu, comme cela se pratique en Espagne pour les croix de Saint-Ferdinand et du Mérite militaire.

Dans les églises des régiments et des garnisons, une croix colossale, semblable à la Croix de Fer du module ordinaire, est fixée au mur et l'on y inscrit les noms de tous les soldats, officiers et chefs supérieurs morts à l'ennemi ou des suites de leurs blessures. Elle porte en outre cette inscription :

« Le roi et la Patrie reconnaissants aux héros morts
« au champ d'honneur. Dans le régiment........
« tombèrent les braves dont les noms suivent.....

Enfin dans toutes les églises paroissiales du royaume, catholiques et protestantes, les noms de tous les paroissiens morts en combattant pour le pays sont inscrits dans un cadre disposé à cet effet.

Les croix de fer qui furent distribuées pendant la guerre contre Napoléon furent divisées en sept catégories correspondant à sept périodes diverses de la campagne : 1° Depuis l'ouverture des hostilités en 1813 jusqu'à la bataille de Gros Gorschen ; 2° depuis cette bataille jusqu'à l'armistice ; 3° depuis l'armistice jusqu'à la bataille de Leipzig ; 4° depuis la bataille de Leipzig jusqu'au passage du Rhin ; 5° du passage du Rhin à la paix du 30 Mai 1814 ;

6° la campagne de 1815 ; enfin la 7ᵉ catégorie comprend ceux qui ont reçu la croix par droit d'hérédité.

Dans chacune de ces sept catégories douze officiers et douze soldats les plus anciens de première classe reçoivent une pension de 525 francs et trente-six officiers et trente-six soldats de deuxième classe les plus anciens ont une pension de 175 francs : ce qui donne 672 pensionnés.

La commission générale se réunit tous les ans le 3 août pour combler les vides qui se produisent dans les 96 ordonnancements des pensions de chaque catégorie. Elle publie la liste révisée avec la nomenclature des noms des nouveaux pensionnaires admis. Si les militaires de la première catégorie ne sont pas assez nombreux pour fournir le contingent des 96 pensionnaires, on prend dans la seconde, et si le même fait se reproduit dans la seconde on prend dans la troisième et ainsi de suite jusqu'à la septième.

Par ce système religieusement suivi depuis 1815 tous les survivants des campagnes de 1813 à 1815 sont assurés d'avoir une pension dans les dernières années de leur vie. Il est probable que l'on agira de même pour ceux qui ont obtenu la Croix de fer pendant la guerre de 1870-71.

L'ordre de Louise a été institué en 1814 pour récompenser les femmes qui pendant les hostilités de

1813 et 1814 se sont distinguées par leur patriotisme ou leur charité. Cet ordre est aujourd'hui également restauré, la reine en est la présidente et c'est elle qui fait les propositions qui doivent être présentées au roi.

La médaille de fer est donnée aux militaires qui bien que n'ayant assisté à aucun combat, ont rempli les devoirs du service soit dans les garnisons, les étapes, ou tout autre lieu. Pendant la guerre contre la France elle a été aussi accordée à des dames qui ont rempli avec un zèle et une patience dignes d'éloges la difficile mission de soigner les blessés dans les hôpitaux et les ambulances. La reine les a jugées dignes d'une telle récompense.

Pour terminer, tous les militaires, quel que soit leur grade, qui ont vingt années de service ont le droit d'avoir au côté gauche de la poitrine une petite médaille d'or dont le centre couleur azur porte, inscrit en chiffres romains, le temps passé au service par période de cinq ans; de cette manière : XX, XXV, XXX, XXXV, et XL. Pour prendre la médaille et pour en changer le millésime il faut un diplôme émanant du ministre de la guerre.

La fête solennelle des ordres est célébrée tous les ans, le troisième dimanche de février, dans le Palais Royal à Berlin. Le roi y convie 60 soldats ou officiers décorés qui ont fini leur temps de service ou pris leur retraite et choisis parmi les plus anciens, 60 militaires de l'armée active, et les grand'croix. Le roi, toute la famille royale, les diplomates étrangers qui sont décorés d'un ordre prussien, les ministres de la couronne, les grands dignitaires de l'État, et enfin une députation des dames décorées, assistent à cette fête.

Elle débute par des chants religieux et par un sermon dans la grande chapelle du palais; ensuite un grand banquet réunit tous les convives dans la salle du trône, dans les galeries et dans les grandes salles de l'édifice royal. Là, les rangs sont confondus : à côté des généraux, les officiers subalternes et les simples soldats, l'humble sœur de charité y coudoie l'aristocratique diaconesse protestante, la femme du modeste ouvrier est à côté de la princesse, et l'homme de service à côté du grand seigneur opulent sans que jamais le moindre incident ne se produise, aussi bien de la part des grands que de la part des humbles. C'est un enseignement que l'on a voulu donner en instituant cette fête. On ne doit pas servir sa patrie par amour du lucre et parce que l'on a de grandes richesses et des situations à défendre, mais parce que c'est la mère commune à laquelle on doit son sang, et qui vous donne en retour l'honneur, et l'estime de vos concitoyens.

La modération et l'équité avec lesquelles les décorations sont accordées, et l'importance que l'on y attache dans l'armée et dans le civil est telle, que loin d'être un objet de trafic dévergondé, patrimoine de l'intrigue et du favoritisme ou satisfaction donnée à une ridicule vanité, elles sont un moyen puissant et impartial de gouvernement.

NOTES

CHAPITRE PREMIER.

1. Le règne de Fredérick-Guillaume Ier fut un règne presque exclusivement consacré aux choses militaires et pendant lequel les sciences et les arts furent tout à fait délaissés. Guillaume Ier agrandit son royaume de la Poméranie que lui donna la paix de Stockholm en 1720. Sa politique personnelle ne fut jamais bien dessinée et il subit alternativement les influences de l'Angleterre et de l'Autriche. — Il forma une armée active de 60,000 hommes. — Comme il faisait rechercher des hommes de haute taille pour ses régiments non seulement dans son royaume mais même chez ses voisins il s'attira de nombreux conflits avec les pays limitrophes exploités par ses recruteurs. Il monta sur le trône en 1713 et mourut en 1740.

2. D'abord l'armée permanente ne fut portée par Frédérick II qu'à 80,000 hommes et ce ne fut que dans la suite qu'elle atteignit le chiffre de 150,000 hommes.

3. Le baron de Stein naquit à Nassau en 1757. D'abord conseiller des mines du comté de la Mark il se dévoila par ses idées libérales et patriotiques, en gagnant l'électeur de Mayence à l'union des princes, et en proposant de nouvelles réformes lorsqu'il parvint au ministère des finances où il remplaça

Struensée. Il ne fut pas écouté et tomba en disgrâce. Cependant les désastres de 1806 firent songer à lui, on le rappela et deux ans après il fut nommé président du conseil des ministres. Alors il s'appliqua à développer l'esprit national et y arriva en faisant des réformes libérales, qui ne tardèrent pas à donner l'éveil à Napoléon qui exigea son renvoi. — Il passa en Autriche puis en Russie et toujours et partout chercha des ennemis à la France. Après 1815, désespérant de voir ses idées libérales mises sérieusement en pratique, il se retira des affaires publiques et mourut en 1831.

4. Le général Scharnhorst, Hanovrien de naissance, entra au service de la Prusse en 1794. Nommé colonel il fut chargé de l'éducation du prince royal. Il prit une grande part à la lutte contre l'empereur Napoléon, mais ce qui est surtout son plus beau titre de gloire c'est la réorganisation de l'armée prussienne à laquelle il contribua puissamment et qui encore aujourd'hui est la base fondamentale du système militaire allemand. Il mourut des suites d'une blessure reçue à la bataille de Lutzen en 1813.

CHAPITRE II

1. Avant 1806 l'Allemagne comptait un grand nombre de petites principautés dépendant directement de l'Empire, mais à la dissolution de cet empire lorsque la confédération du Rhin fut formée, ces principautés de peu d'importance furent incorporées dans les principautés voisines. Cet acte prit le nom de Médiatisation.

2. Les soldats d'artillerie et de cavalerie passent quatre ans sous les drapeaux tandis que ceux de l'infanterie n'en passent

que trois. Ce système est possible en Allemagne, mais n'est pas applicable dans un pays démocratique.

3. En France tout homme doit le service actif pendant 5 ans. Il reste dans la réserve de l'armée active jusqu'à 29 ans, puis passe dans l'armée territoriale où il reste jusqu'à 34 ans époque à laquelle il fait partie de la réserve de l'armée territoriale jusqu'à 40 ans.

En Espagne, d'après la loi présentée à la suite de la guerre carliste par le général Ceballos et acceptée par les Cortes, le service obligatoire, qui a remplacé la conscription, a une durée de quatre ans dans l'armée active et de quatre ans dans la réserve. Le soldat est généralement conservé trois ans au régiment puis est renvoyé en congé illimité restant d'ailleurs à la disposition du ministère de la guerre.

4. Le tirage au sort français n'est plus ce qu'il était lorsque ce livre a été écrit. En effet tous les conscrits, sauf les volontaires d'un an, tirent au sort et suivant le numéro qu'ils prennent ils sont classés dans la première ou seconde portion du contingent, c'est à dire que dans le premier cas ils doivent faire cinq ans de service et dans le second un an. Mais ceux de la deuxième portion restent toujours appelables et font partie de la disponibilité de l'armée active. Cette mesure a le double avantage de ne point nécessiter un énorme contingent sous les armes, ce qui enlève bien des bras à l'agriculture et à l'industrie et revient énormément cher, et d'avoir toujours prêt un nombre considérable d'hommes instruits et au fait des choses militaires. — Des exercices annuels les tiennent d'ailleurs toujours au courant.

5. On vient de présenter au conseil fédéral de l'empire un projet augmentant l'effectif de l'armée d'environ 26,000 hommes en temps de paix et 80,000 hommes en temps de guerre, qui

doivent servir à la création de 32 batteries d'artillerie de campagne et de 34 bataillons d'infanterie. Cette mesure portera donc l'effectif de l'armée fédérale à 427,270 alors qu'en 1874 il avait été fixé à 401,659.

Une mesure plus grave peut-être va être prise. Elle concerne l'instruction de la réserve du recrutement. En effet cette réserve du recrutement est partagée en deux portions. La première comprend les hommes aptes au service mais non appelés en raison de leur numéro de tirage, les dispensés sous conditions, puis en dernier lieu les plus forts parmi les ajournés pour faiblesse de constitution; cette portion compte environ 60,000 hommes par an et est destinée aux besoins du remplacement lorsque les hostilités éclatent. La deuxième portion qu'on peut évaluer à 100,000 hommes comprend tout le reste des classés dans la réserve du recrutement où ils demeurent douze ans.

Cela fait en tenant compte des pertes, un effectif d'environ 350,000 pour la première portion et de 1,000,000 pour la seconde. Au total 1,350,000 hommes qui jusqu'à ce jour n'ont pas été exercés.

On propose d'astreindre les 350,000 hommes de la première portion pendant les sept ans qu'ils figurent sur les contrôles, à quatre périodes d'instruction dont deux de un mois et demi et deux de quinze jours, soit en tout cinq mois. — Cette mesure donne donc à l'Allemagne tous les ans environ 55,000 hommes de plus exercés au métier des armes en dehors de l'armée active, de la réserve et de la landwehr.

CHAPITRE III

1. En vertu des traités passés l'empire d'Allemagne est aujourd'hui entre les mains de Guillaume Ier, roi de Prusse, et

les royaumes de Bavière et de Wurtemberg, les duchés de Bade et de Hesse font partie de l'Empire germanique.

2. Malgré les efforts de la Prusse, la Bavière n'a pas voulu jusqu'ici adopter l'uniforme prussien et elle conserve toujours le casque à chenille.

3. Depuis 1871 l'Allemagne a constamment travaillé à augmenter ses moyens de défense. Spandau continuellement en activité prépare de nouveaux engins, des fortifications formidables s'élèvent à Metz et à Strasbourg, le contingent est tous les jours plus élevé, les procédés de mobilisation sont améliorés, enfin la Prusse veut justifier l'orgueilleuse parole du général de Moltke. « Il faut que l'ennemi vienne se briser contre un mur de fer. » — L'armement est donc formidable, mais il coûte des sommes énormes et pèse bien lourdement sur l'Allemagne. Combien de temps pourra-t-elle supporter ce fardeau écrasant?

4. La France est divisée en 18 régions militaires, lesquelles sont subdivisées en circonscriptions de bataillon territorial. L'Algérie forme la 19e région.

CHAPITRE IV

1. L'officier payeur est un employé de l'administration militaire. Chaque régiment d'infanterie ou de cavalerie doit en temps de paix avoir deux sous-officiers faisant fonctions de payeurs ou aspirants payeurs, susceptibles d'être nommés officiers payeurs en cas de mobilisation. Ces places sont occupées par les sergents en premier qui en font la demande, ayant neuf

ans de service, et s'étant trouvés sous les ordres des intendants comme attachés aux archives ou à des travaux analogues. L'artillerie compte par régiment quatre aspirants payeurs, parce qu'en temps de guerre le régiment est subdivisé, ce qui nécessite des comptes séparés.

CHAPITRE V

1. En Allemagne la dénomination de major s'applique au chef d'escadrons, au chef de bataillon et à l'officier que nous appelons en France major chargé des écritures du régiment.

2. En Espagne il y a les grades effectifs et les grades nominatifs. Les grades effectifs sont ceux qui correspondent directement aux fonctions que l'on exerce et les grades nominatifs sont des grades au-dessus de ces fonctions. Les premiers seuls donnent droit à la solde. Ainsi un lieutenant effectif peut être en même temps capitaine nominatif. Pour le service et la solde l'officier est lieutenant et pour les honneurs il est capitaine. L'insigne du grade effectif est des étoiles et celui du grade nominatif des galons placés sur le haut de la manche. — Ce système est la cause d'une confusion très grande, et il n'a été créé que pour donner satisfaction à un corps d'officiers trop nombreux, l'armée espagnole étant l'armée européenne qui compte le plus d'officiers.

3. Le maréchal Wrangel est mort aujourd'hui.

4. Voici pour l'arme de la cavalerie la nomenclature des chefs de corps en février 1870. — Garde royale : régiment des Gardes du corps, colonel; Cuirassiers, lieutenant-colonel; 1er Dragons,

colonel; 2ᵉ Dragons, colonel; Hussards, lieutenant-colonel; 1ᵉʳ Uhlans, lieutenant-colonel; 2ᵉ Uhlans, colonel; 3ᵉ Uhlans, colonel. Régiments de l'armée : Cuirassiers : 1ᵉʳ, lieutenant-colonel; 2ᵉ, lieutenant-colonel; 3ᵉ, lieutenant-colonel; 4ᵉ, lieutenant-colonel; 5ᵉ, lieutenant-colonel; 6ᵉ, lieutenant-colonel; 7ᵉ, colonel; 8ᵉ, colonel. Dragons : 1ᵉʳ, lieutenant-colonel; 2ᵉ, colonel; 3ᵉ, colonel; 4ᵉ, major; 5ᵉ, lieutenant-colonel; 6ᵉ, colonel; 7ᵉ, major; 8ᵉ, major; 9ᵉ, colonel; 10ᵉ, lieutenant-colonel; 11ᵉ, lieutenant-colonel; 12ᵉ, lieutenant-colonel; 13ᵉ, colonel; 14ᵉ, colonel; 15ᵉ, colonel; 16ᵉ, colonel; 17ᵉ, colonel; 18ᵉ, lieutenant-colonel; 19ᵉ, lieutenant-colonel. Hussards : 1ᵉʳ, lieutenant-colonel; 2ᵉ, colonel; 3ᵉ, lieutenant-colonel; 4ᵉ, colonel; 5ᵉ, major; 6ᵉ, major; 7ᵉ, colonel; 8ᵉ, major; 9ᵉ, lieutenant-colonel; 10ᵉ, lieutenant-colonel; 11ᵉ, lieutenant-colonel; 12ᵉ, lieutenant-colonel; 13ᵉ, lieutenant-colonel; 14ᵉ, colonel; 15ᵉ, lieutenant-colonel; 16ᵉ, colonel. Uhlans. 1ᵉʳ, colonel; 2ᵉ, lieutenant-colonel; 3ᵉ lieutenant-colonel; 4ᵉ, colonel; 5ᵉ, lieutenant-colonel; 6ᵉ, colonel; 7ᵉ, major; 8ᵉ, colonel; 9ᵉ, lieutenant-colonel; 10ᵉ, colonel; 11ᵉ lieutenant colonel; 12ᵉ, colonel; 13ᵉ, lieutenant-colonel; 14ᵉ, lieutenant-colonel; 15ᵉ lieutenant-colonel; 16ᵉ, major.

5. Baron, en allemand *Freiherr*, signifie seigneur libre. Hobereau en espagnol *hidalgo* peut se traduire en allemand par *Junker* qui veut dire jeune seigneur.

CHAPITRE VI.

1. Le terme militaire *tour* signifie le rang de classement dans lequel on se trouve et dans lequel l'impétrant arrive au grade pour lequel il est inscrit.

2. Comme on le voit, en Allemagne on ne peut arriver au grade d'officier qu'après avoir passé une série d'examens et subi une suite de stages. Dans d'autres armées l'avancement n'a pas de règles aussi rigoureuses, mais le système des examens tend à s'implanter partout, et cela avec juste raison.

3. On nomme en Allemagne *articles de guerre* les ordonnances militaires que doivent connaître les troupes.

4. L'avancement par corps a l'énorme avantage de maintenir parmi les officiers un esprit de corps qui est bien moindre avec l'avancement sur l'arme entière. Cependant ce dernier système offre certains avantages que les Allemands n'ont point dédaignés, aussi ont-ils adopté un système mixte en faisant l'avancement par corps jusqu'au grade de capitaine inclusivement, et l'avancement sur l'arme pour les grades supérieurs.

CHAPITRE VII

1. Ce moyen facilite la conservation et la reproduction des cartes de tous les États européens avec une grande économie de temps et d'argent.

Ce système consiste à placer le plan ou la carte que l'on veut reproduire devant un appareil photographique. Le papier où se réfléchit l'image de la carte est enduit d'une matière gélatineuse qui a la propriété de prendre la reproduction en relief. Ce papier est ensuite collé sur une pierre lithographique et l'on peut tirer dessus de 1000 à 2000 exemplaires.

L'état-major russe se sert pour imprimer les cartes d'une

feuille mince de caoutchouc, ce qui met la carte à l'abri de l'eau et de l'humidité et en rend le maniement très facile.

En France on se sert d'un papier très fort ayant la consistance du parchemin et sur lequel les figures géographiques se reproduisent avec une grande netteté.

CHAPITRE VIII

1. D'après le grand état-major prussien, au début des hostilités l'arme active de l'infanterie comptait 344 bataillons d'infanterie et de chasseurs, plus 52 bataillons de landwehr, soit 396.

2. Dreyse est né dans l'électorat de Hesse. On prétend qu'il s'est approprié pour son invention les idées d'un armurier français chez lequel il travaillait. On dit encore que cet armurier français aurait présenté le modèle d'un fusil de guerre se chargeant par la culasse en 1813 à Napoléon Ier. Cela semble très invraisemblable car Napoléon n'aurait pas manqué d'adopter une arme qui lui donnait une supériorité si grande. Cependant on connaît le sort des inventions renvoyées aux commissions et Napoléon lui-même n'a-t-il pas été incrédule lorsqu'on lui proposait des navires à vapeur pour passer en Angleterre. D'ailleurs le système de l'armurier français pouvait avoir des défectuosités que Dreyse a corrigées. Quoi qu'il en soit, jusqu'à preuve du contraire, on doit considérer ce dernier comme l'inventeur du fusil à tir rapide.

3. En 1870 en Allemagne on avait déjà commencé à appliquer au fusil à aiguille de sérieuses améliorations que la guerre força d'ailleurs à interrompre.

Depuis la guerre on a adopté le fusil Mauser qui est maintenant le modèle en usage dans toute l'Allemagne puisque depuis 1878 il est en service dans l'armée bavaroise. Cette arme a beaucoup d'analogie avec le fusil français. Même calibre, mêmes dispositions générales, même cartouche que le fusil Gras. Le système de fermeture est également à verrou et présente l'avantage d'être muni d'un cran de sûreté extrêmement simple et très sûr. On a reproché dans les premières années à ce fusil un nombre assez considérable de ratés dus principalement au manque de force du percuteur qui n'est pas suffisamment lié au chien; depuis, une légère modification a été faite à l'appareil de fermeture dans le but de supprimer cet inconvénient. Les propriétés balistiques de l'arme sont absolument celles du fusil français ; la balle au sortir du canon a la même vitesse initiale et aux diverses distances la grandeur de la zone dangereuse est la même. Il pèse avec la bayonnette 5 kilos 130 grammes tandis que le fusil Gras ne pèse que 4 kilos 760 grammes.

4. Le fusil Gras a tous les avantages du Chassepot sans en avoir les inconvénients. Bien équilibré, léger, il a une portée considérable et un tir d'une grande justesse. Sa trajectoire est aussi rasante que possible. — Les défectuosités de la cartouche combustible du Chassepot sont écartées par la cartouche métallique plus maniable, encrassant moins et résistant à toutes les variations de température. L'aiguille qui se cassait souvent est remplacée par une broche solide, et un temps est économisé dans le chargement du fusil. On peut adresser un reproche à cette arme. Il est assez délicat de mettre l'arme chargée au cran d'arrêt, car le chien s'armant lorsque l'on ouvre le tonnerre, pour désarmer il faut de grandes précautions, retenir le levier, le conduire doucement et en même temps maintenir avec la main gauche le tonnerre entier qui s'abattrait sans cela. Cette manœuvre demande une certaine habitude. — La bayon-

nette du Gras est beaucoup plus légère que celle du Chassepot et aussi dangereuse.

5. En 1867 la Bavière avait transformé le fusil Podewils dont elle faisait usage en un fusil se chargeant par la culasse et en 1869 elle adopta le modèle Werder perfectionné. Cependant lorsque la guerre éclata son armement était loin d'être complet, quatre bataillons de chasseurs seulement étaient pourvus de l'arme nouvelle.

6. Le Remington a tous les avantages qui viennent d'être énumérés, mais il présente le grand inconvénient de n'avoir pas d'homogénéité et d'être mal équilibré. En effet le poids est au centre à cause de la plaque de fer contenant les pièces de la fermeture, et le bois se trouve de cette manière former deux parties : l'une la crosse, l'autre le bois soutenant le canon. Dans le combat à l'arme blanche ce fusil se brise assez facilement. De plus il arrive que, le chien qui ferme la culasse n'ayant pas assez de force pour résister à la poussée lors de l'inflammation des gaz, des accidents ou tout au moins un crachement considérable peuvent se produire.

7. Depuis la loi de 1877 l'Espagne compte 140 bataillons de ligne divisés en 60 régiments et 20 bataillons de chasseurs.

La France possède 642 bataillons d'infanterie et 332 compagnies de dépôt répartis entre 144 régiments de ligne, 30 bataillons de chasseurs, 4 régiments de zouaves, 3 régiments de tirailleurs algériens, 4 bataillons de la légion étrangère, 3 bataillons d'infanterie légère d'Afrique (à 6 compagnies) et un bataillon de fusiliers de discipline.

L'infanterie de réserve de l'armée espagnole se compose de 100 régiments non encore organisés.

En France on compte 435 bataillons territoriaux formant 145 régiments plus 9 bataillons territoriaux de zouaves et 5 bataillons territoriaux de chasseurs non encore organisés.

Le régiment actif prussien se compose de trois bataillons actifs et d'un bataillon formant le dépôt en temps de guerre.

Le régiment français a quatre bataillons actifs et deux compagnies de dépôt. Toutefois en cas de guerre le régiment va à l'ennemi avec trois bataillons seulement et un quatrième reste pour former au besoin en se combinant des régiments de marche.

Le régiment landwehrien a deux bataillons et le régiment territorial français trois bataillons et une compagnie de dépôt.

Dans l'une et dans l'autre armée le bataillon d'infanterie compte 1000 hommes divisés en quatre compagnies de 250 hommes chacune.

Le nouveau système espagnol a les mêmes bases.

CHAPITRE IX

1. Au début de la guerre la cavalerie active de l'Allemagne du Nord entrant en campagne comptait 320 escadrons dont 16 de réserve.

2. La cavalerie mixte, c'est-à-dire pouvant combattre à cheval et à pied à un moment donné, peut rendre, bien employée, de grands services. Cette question d'ailleurs de la cavalerie mixte a été fort controversée, et ses adversaires prétendent qu'avec ce système on arrive à ne faire ni un bon cavalier, ni un bon fantassin. Cette proposition peut avoir dans le fond quelque vérité, mais cette défectuosité, qui en somme n'est pas aussi grande que l'on veut bien le dire, est largement compensée par les avantages que l'on peut retirer d'une troupe pouvant se porter rapidement sur un point, l'attaquer, ou le défendre bien avant que l'infanterie ne puisse s'y rendre. Ce service, qui autrefois était exclusivement réservé aux dragons, fait en France aujourd'hui l'objet d'une ins-

truction attentive pour les corps de cavalerie armés du mousqueton.

Le corps des dragons après la campagne de 1870 a été considérablement accru par l'adjonction des régiments de lanciers que ont été supprimés. Bien que la lance soit employée encore dans les armées européennes on a pensé bien faire en la supprimant pour augmenter la cavalerie mixte. On s'est privé ainsi des avantages que présente cette arme dans les charges par la terreur qu'elle inspire aux fantassins et par la possibilité d'atteindre l'ennemi de plus loin. Les Russes ont pris un moyen terme en armant de la lance la première ligne de cavaliers.

3. L'armée française compte 77 régiments de cavalerie dont 70 à 5 escadrons et 7 à 6 escadrons, ce qui fait un total de 392, dont 84 escadrons de dépôt. Les premiers 70 régiments se répartissent ainsi : 12 régiments de cuirassiers, 26 régiments de dragons, 20 régiments de chasseurs, 12 régiments de hussards. Les 7 autres se composent de 4 régiments de chasseurs d'Afrique et 3 régiments de spahis. La cavalerie territoriale compte en France 18 régiments à 4 escadrons et 7 escadrons en Algérie, total 79 escadrons. Chaque régiment est formé de deux escadrons de chasseurs et de deux escadrons de dragons.

La cavalerie espagnole compte 24 régiments à 4 escadrons, 12 régiments de lanciers, 10 régiments de chasseurs et 2 régiments de hussards. De plus il y a deux escadrons de chasseurs indépendants.

CHAPITRE X

1. Nous avons pu nous convaincre *de visu* en 1870 et 1871 que beaucoup d'obus allemands n'éclataient pas. Lorsqu'ils tom-

baient dans les terres labourées, dans les prés et dans tous les terrains mous ils s'enfonçaient souvent en terre sans éclater. C'était tout le contraire lorsque la surface de la terre était durcie par la gelée ou que le terrain était rocailleux ou empierré.

2. Le corps de l'artillerie en France comprend 19 régiments d'artillerie divisionnaire à 3 batteries à pied, 8 batteries montées et 2 batteries de dépôt ; et 19 régiments d'artillerie de corps à 8 batteries montées, 3 batteries à cheval et 2 batteries de dépôt, ce qui fait un total de 494 batteries dont 57 batteries à pied, 304 batteries montées, 57 batteries à cheval et 76 batteries de dépôt soit 2964 canons. Les canons sont en acier fondu se chargeant par la culasse du système du colonel de Bange de 80 et 90 millimètres. Deux batteries par régiment possèdent des canons de 95 millimètres du système de la Hitolle.

Il existe une réserve considérable de canons de bronze de 5 et de 7 se chargeant par la culasse.

L'armement français a toutes les qualités requises pour la longue portée et la justesse. L'armement prussien renouvelé entièrement depuis 1873 est beaucoup plus léger mais laisse quelque peu à désirer au point de vue de la justesse absolue et de la portée.

L'artillerie territoriale a 38 batteries de campagne avec 228 canons actuellement, mais peut être augmentée dans de grandes proportions.

Il faut compter en ses 8 batteries du régiment d'artillerie de marine.

Ce qui fait un total de 540 batteries et 3240 canons.

Il convient d'ajouter encore : deux régiments de pontonniers qui font partie du corps d'artillerie, 10 compagnies d'ouvriers d'artillerie, 3 compagnies d'artificiers, et 57 compagnies du train d'artillerie.

En Espagne l'artillerie a 14 régiments : 5 régiments d'artillerie à pied de 2 bataillons à 6 compagnies, 7 régiments d'artillerie montée de 4 batteries à 4 pièces, 3 régiments d'artillerie de montagne de 6 compagnies à 6 pièces. — Les pièces sont des systèmes Krupp et Placencia.

Il y a des régiments d'artillerie qui n'ont point de canons. Les hommes sont exercés et en temps de guerre sont versés dans les régiments armés pour compléter et augmenter les batteries.

CHAPITRE XI

1. Actuellement les troupes de génie de l'Allemagne comprennent :

18 bataillons à 4 compagnies : dont trois de pionniers et une de mineurs, de plus un régiment des chemins de fer qui possède deux bataillons à 14 compagnies.

2. Les officiers de pionniers qui veulent entrer dans le corps des ingénieurs doivent passer un examen spécial avant d'être admis comme chefs de service.

3. Le siège de Paris a été plutôt une suite d'opérations militaires qu'un siège proprement dit. Le blocus a été rigoureusement maintenu grâce à la nombreuse cavalerie allemande et à des corps de troupes massés sur divers points qui se portaient où besoin était. Le nombre considérable des armées assiégeante et assiégée, l'étendue des zones où l'on manœuvrait, la continuelle présence des assiégés en dehors des remparts ne permettaient pas l'établissement de travaux de génie. On a pu seulement établir des batteries contrebattant les forts et bombardant une légère partie du corps de place à une grande distance. C'est la faim seule qui a amené la reddition de Paris.

4. Le procédé d'attaque des places indiqué n'est plus en rapport avec les perfectionnements actuels de l'artillerie. L'ensemble des travaux décrits ne s'applique qu'aux dernières périodes du siège et l'opération complète comprend d'autres travaux importants.

Ainsi le siège d'une place exige les opérations suivantes : 1° l'investissement qui se fait par des troupes de campagne et consiste dans l'occupation et l'organisation définitive des localités à une distance de 4 à 5 kilomètres de la ligne des forts, avec l'installation d'une ligne de cantonnements à 4 ou 5 kilomètres en arrière ; 2° la construction, l'armement et enfin l'ouverture du feu d'un nombre considérable de batteries dites de première période qui s'établissent à 3 ou 4 kilomètres des forts et commencent à contrebattre et à ruiner l'artillerie de la défense ; 3° les opérations exécutées par le génie et consistant en effet en ouverture de parallèles et de sapes ; mais ces opérations ne peuvent avoir lieu que lorsque les précédentes ont été exécutées.

Actuellement aussi les batteries de brèche dont la construction formait une des dernières et des plus périlleuses opérations ne sont plus établies au même moment. Les Allemands ont fourni la preuve au siège de Strasbourg que l'artillerie rayée peut faire brèche aux remparts à une distance de 800 à 1000 mètres ; aussi faut-il toujours compter maintenant que la brèche sera faite ou tout au moins très avancée au moment où l'on arrivera au commencement du chemin couvert.

Il n'est pas absolument exact de dire que la position des assiégeants est plus difficile dans les dernières périodes du siège que celle des assiégés. Assurément la difficulté des opérations est bien plus grande et un avancement de quelques mètres coûte plus à ce moment que cent mètres à la première période ; mais si on examine attentivement la situation des assiégés, elle est encore bien plus précaire ! A la vérité ils connaissent le point par lequel on tentera d'entrer dans la place, mais c'est là une maigre consolation pour le mal qui leur est fait par l'établissement de la brèche et s'ils peuvent à la rigueur y concentrer le feu de quelques pièces, ce que l'état de leurs remparts ne leur permettra que rarement, l'assiégeant au contraire maître de tout le terrain enveloppant la place peut concentrer ses feux et d'une façon bien plus efficace sur les fronts attaqués. En outre il faut bien tenir compte de l'effet moral considérable produit par une brèche au corps de place, sur une garnison déjà éprouvée et affaiblie par un siège, tandis que l'assiégeant est au contraire enhardi par les premiers succès.

CHAPITRE XII

1. Le train français se compose de vingt escadrons des équipages militaires à trois compagnies.

12 compagnies mixtes de la même arme sont affectées au 19ᵉ corps (Algérie).

CHAPITRE XVIII

1. La gendarmerie espagnole porte le nom de garde civile. Sa création date de 1844. Elle a été réorganisée en 1871 et compte 20,000 hommes divisés en 15 tercios ou régiments. Son organisation est singulière ; elle dépend du ministère de l'intérieur pour tout ce qui a trait au service et à la répartition sur le territoire, et du ministère de la guerre pour ce qui touche à la discipline et à l'organisation. C'est une troupe vaillante et bien disciplinée qui a rendu de grands services.

La gendarmerie française comprend les légions départementales formant un effectif de 20,000 hommes environ et 12,000 chevaux, la légion d'Algérie 900 hommes et 650 chevaux; la légion de gendarmerie mobile, 8 compagnies et un escadron, 1200 hommes et 200 chevaux, enfin la garde républicaine de Paris comprenant trois bataillons à 8 compagnies et un escadron. Soit en tout 4000 hommes et 750 chevaux.

CHAPITRE XIX

1. Beaucoup de généraux en Allemagne ont le titre d'aides de camp de l'empereur, mais c'est un titre purement honorifique, car aucun ne fait de service en temps de paix et pendant la guerre de 1870-71 trois seulement ont fait partie de la suite royale.

CHAPITRE XX

1. De 13 le nombre des corps d'armée dans le nouvel empire germanique a été porté à 17 en y comprenant les deux corps bavarois. Le 12ᵉ corps d'armée, ainsi qu'il est dit dans le présent chapitre, est formé par le royaume de Saxe, cap. Dresde.

13ᵉ corps : royaume de Wurtemberg, cap. Stuttgard.

14ᵉ corps : grand duché de Bade, cap. Carlsruhe.

15ᵉ corps : Alsace-Lorraine, cap. Strasbourg.

1ᵉʳ corps bavarois, cap. Munich.

2ᵉ   —   — Wurzbourg.

2. Le fractionnement qui tient le milieu entre la batterie et le régiment (4 batteries) s'appelle en Allemagne *Abtheilung*.

3. En France le dépôt d'un régiment territorial se trouve toujours dans une ville où existe un dépôt d'un régiment actif. Les magasins du régiment territorial sont distincts, mais sous la surveillance des officiers d'armement et d'habillement du régiment actif.

CHAPITRE XXI

1. Le terme « troupes de dépôt » n'est pas absolument exact, c'est plutôt troupes de remplacement qu'il faut dire pour traduire la locution allemande *Ersatz-Truppen*. Cependant le mot Ersatz prête à diverses manières de traduction. Le mot dépôt plus dans nos habitudes militaires, est préférable pour bien se faire comprendre du lecteur.

2. En 1870, ces recrues ne sont pas restées dans les dépôts. Elles ont suivi les régiments et ont complété leur instruction en campagne.

3. Les hopitaux militaires permanents ou ambulants s'appellent en Allemagne *Lazareth*.

4. En France le régiment mobilisé complète l'effectif de ses quatre bataillons avec ses réserves, mais il n'entre en campagne qu'avec trois bataillons. Un quatrième bataillon reste au dépôt, et en se combinant avec les quatrièmes bataillons d'autres régiments il est employé à former des régiments supplémentaires. Le surplus des hommes disponibles est versé dans les deux compagnies de dépôt et il sert soit à combler les vides, soit s'il est assez considérable à composer de nouveaux bataillons.

CHAPITRE XXII

1. Au début des hostilités voici d'après le grand État-Major prussien quelles étaient les forces de l'Allemagne en y comprenant l'Allemagne du Sud :

Confédération de l'Allemagne du Nord avec la Hesse.

Armée active.
- 396 bataillons
- 320 escadrons.
- 214 batteries avec 1284 canons.
- 44 compagnies de pionniers.

Toutefois on laissa en Allemagne :

- 65 bataillons.
- 28 escadrons.
- 18 batteries avec 108 bouches à feu
- 5 compagnies de pionniers.

Troupes de garnison
- 138 bataillons.
- 48 escadrons.
- 27 batteries avec 162 pièces.
- 173 compagnies d'artillerie de place.
- 29 compagnies de pionniers

Troupes de dépôt
- 118 bataillons.
- 18 compagnies de chasseurs.
- 76 escadrons.
- 41 batteries avec 246 pièces.
- 13 compagnies de pionniers.

Ce qui donne un effectif de 982,064 hommes et 209,403 chevaux en moyenne suivant les effectifs du mois d'août 1870.

Ces troupes se répartissaient ainsi :

Prusse et petits États . .	888 254 h.	187 537 chevaux.
Saxe	59 423 h.	13 989 »
Mecklenbourg.	12 109 h.	2 646 »
Hesse.	22 278 h.	5 231 »

La Bavière fournit :

Armée active.
- 50 bataillons d'infanterie et de chasseurs.
- 40 escadrons.
- 32 batteries (1192 bouches à feu.)
- 6 compagnies du génie.

Troupes de garnison.
- 24 bataillons.
- Une fraction minime d'un escadron.
- 16 batteries de place.
- 4 compagnies du génie.

Troupes de dépôt.
- 16 bataillons.
- 10 compagnies de chasseurs.
- 10 escadrons.
- 8 batteries à 5 pièces.
- 2 compagnies du génie.

Ce qui fait un total de 128,964 hommes et 24,056 chevaux.

Le Wurtemberg fournit 37,180 hommes et 8,876 chevaux.

Troupes actives.
- 15 bataillons d'infanterie et de chasseurs.
- 10 escadrons.
- 9 batteries
- 2 compagnies de pionniers.

Troupes de garnison et de dépôt.
- 8 bataillons.
- 6 escadrons.
- 3 batteries à 4 pièces.
- 4 batteries de place.
- 1 compagnie de pionniers.
- 1 Abtheilung de pionniers de dépôt.
- De plus chaque régiment avait un dépôt.

La part du Grand duché de Bade fut :

Troupes actives.
- 13 bataillons.
- 12 escadrons.
- 9 batteries.
- 1 compagnie de génie.

Troupes de garnison.
- 11 bataillons.
- 1 escadron.
- 9 compagnies d'artillerie de place.
- 1 compagnie de génie de place.

Troupes de dépôt.
- 6 dépôts d'infanterie.
- 3 escadrons.
- 2 batteries.
- 1 dépôt du génie.

Ces troupes formaient un effectif de 35,181 hommes et 8,038 chevaux.

Ce qui fait :

Allemagne du Nord	982 064	hommes	209 403	chevaux.
Bavière	128 964	»	24 056	»
Wurtemberg	37 180	»	8 876	»
Bade	35 181	»	8 038	»
	1 183 389	»	250 373	»

Ces chiffres sont établis d'après les effectifs normalement composés. On doit ajouter que dans la suite ils ont été considérablement dépassés.

L'effectif de mobilisation de l'armée française aujourd'hui est approximativement le suivant :

ARMÉE ACTIVE

INFANTERIE

144 régiments à 3 bataillons de guerre formant :

432 bataillons	432 000 h.
144 quatrièmes bataillons	144 000
50 bataillons de chasseurs.	50 000
4 régiments de zouaves à 4 bataillons formant .	
16 bataillons	16 000
3 régiments de tirailleurs algériens à 4 bataillons formant :	
12 bataillons	12 000
3 bataillons d'infanterie légère d'Afrique à 6 compagnies. .	4 500
1 bataillon de fusiliers de discipline.	1 000
4 bataillons de la légion étrangère.	4 000
332 compagnies de dépôt	82 800
642 bataillons et 332 compagnies.	726 300

CAVALERIE

392 escadrons.	58 800
8 compagnies de cavaliers de remonte	2 800
	61 600
Plus 19 escadrons d'éclaireurs volontaires.	2 850
	64 450

ARTILLERIE

312 batteries de campagne
 57   »   à cheval
 76   »   de dépôt
 57   »   à pied de position
   formant en hommes un effectif de 100 000
   avec 3012 bouches à feu
 2 régiments de pontonniers. 4 000
                                                                 104 000

GÉNIE

4 régiments à 5 bataillons, 1 compagnie de dépôt et une
   compagnie de sapeurs conducteurs
1 bataillon des chemins de fer à 4 compagnies 20 000

TRAIN

20 escadrons et 12 compagnies mixtes (Algérie). 10 000

Ce qui donne un total pour l'armée active de 860,300 hommes, 64,450 cavaliers et 3,012 canons.

ARMÉE TERRITORIALE

INFANTERIE

145 régiments à 3 bataillons formant :
435 bataillons. 435 000
 9 bataillons de zouaves 9 000
 5 bataillons de chasseurs. 5 000
                                                                 449 000

CAVALERIE

79 escadrons 11 800
         A reporter. 460 800

Report. 460 800

ARTILLERIE

38 batteries de campagnes avec 228 pièces. 5 600

GÉNIE

19 bataillons. 19 000

TRAIN

19 escadrons 8 000

A ces troupes il convient d'ajouter :

Gendarmerie dont 13 000 cavaliers	27 000
Gardes forestiers mobilisés	2 000
Douaniers mobilisés.	10 000
4 régiments d'infanterie de marine (4 000 hommes) . . .	16 000
Le corps d'artillerie de Marine	4 500
	552 900

RÉCAPITULATION

Armée active.	Infanterie	726 300		
	Cavalerie	64 450		
	Artillerie	104 000	924 750	
	Génie	20 000		
	Train	10 000		
Armée territoriale.	Infanterie	449 000		
	Cavalerie	11 800		
	Artillerie	5 600	493 400	
	Génie	19 000		
	Train	8 000		
Différents contingents			59 500	
			1 477 650	

avec 3240 bouches à feu

Dans cette énumération nous n'avons pas compris tous les services auxiliaires.

Toutes les unités tactiques ont été comptées d'après leur composition normale, mais l'effectif réel des hommes disponibles dépasse de beaucoup cette évaluation. Pour s'en convaincre il faut calculer par classe :

5 classes de l'armée active à	150 000 h.	750 000 h.
4 » de la réserve à	130 000	520 000
5 » de l'armée territoriale à 115 000	. . . .	575 000
	Total	1 845 000

Et il reste encore 6 classes de la réserve de l'armée territoriale évaluées à. . . . . 500 000 h.

                                                        2 345 000

Plus les officiers, la gendarmerie, les douaniers mobilisés, etc. etc 120 000

                                                        2 465 000

CHAPITRE XXIII

1. La compagnie allemande est formée sur trois rangs, le troisième étant composé des tireurs les plus adroits.

Pour former les colonnes de compagnie lorsque le bataillon est en ligne déployée, le mouvement s'exécute différemment suivant que la compagnie appartient au demi-bataillon de droite (1re et 2e compagnies) ou au demi-bataillon de gauche (3e et 4e compagnies.)

Pour les compagnies 1 et 2, le troisième rang de chaque peloton pair fait demi-tour, marche 12 pas et s'arrête en faisant demi-tour. Les premier et deuxième rangs de chaque peloton impair viennent se placer à 6 pas en arrière des subdivisions paires tandis que le troisième rang de ce même peloton impair vient se placer devant le troisième rang du peloton pair et forme avec lui une troisième subdivision dite de tireurs.

Pour les compagnies de gauche 3 et 4 le mouvement est symétriquement inverse, c'est-à-dire que les pelotons pairs exécutent ce que les pelotons impairs ont exécuté à droite et réciproquement.

Pour se former en ligne de colonnes de compagnies le bataillon prend une disposition qui tient à la fois de la colonne et de la ligne. Le bataillon déployé étant formé de 4 compagnies chacune à 2 pelotons, le bataillon se ploie dans chaque compagnie comme il vient d'être expliqué et le bataillon se trouve ainsi formé ayant au centre deux compagnies accolées et sur chacune de ses ailes une compagnie en colonne par pelotons.

| 1re Cie | 2e Cie | 3e Cie | 4e Cie |

La distance entre les deux compagnies du centre réunies et les compagnies des ailes est égale à un front de peloton, soit 36 pas.

Dans le déploiement de la compagnie en tirailleurs, c'est la troisième subdivision, celle dite des tireurs qui sort de la colonne et forme la première chaîne.

2. Après le combat de Saint-Privat l'empereur Guillaume écrivait à l'impératrice que la garde royale prussienne y avait trouvé son tombeau.

3. *Campagne de 1870. Des causes qui ont amené la capitulation de Sedan.*

CHAPITRE XXIV

1. La tente est aujourd'hui supprimée dans l'armée française.

CHAPITRE XXV

1. L'adoption presque générale du service obligatoire, en augmentant dans des proportions considérables les effectifs des armées a eu sur le rôle des places fortes une influence dont il est facile de se rendre compte.

Autrefois, on tenait campagne avec 40 ou 50,000 hommes et le siège d'une place, exigeant une armée de cette force, formait à lui seul l'objectif d'une campagne.

Actuellement, même avec les nouvelles places à forts détachés qui peuvent exiger pour leur siège 100 ou 150,000 hommes, une armée envahissante pourra toujours détacher de ses forces suffisamment de monde pour venir masquer plusieurs places, et n'en continuera pas moins sa marche en avant.

Dans ces conditions, et étant donné ce principe, dont l'application à la guerre n'a eu que très peu d'exceptions, que la garnison de toute place bloquée et non secourue par une armée du dehors ne peut percer les lignes qui l'enveloppent ; on voit que le rôle des places se réduit : à occuper des centres importants par leur richesse ou par les nœuds de communication qu'ils renferment, à interdire des passages à l'ennemi ou à abriter les approvisionnements des armées tenant la campagne.

Il résulte de là qu'une armée manœuvrant dans le voisinage d'une place forte, pourra s'en servir de pivot stratégique ou de couvert pour abriter sa concentration ou ses mouvements ; mais que jamais, fût-t-elle battue, entièrement battue, elle ne devra y chercher refuge. En agissant ainsi, elle immobiliserait et conduirait à leur perte certaine des forces qui feraient défaut ensuite pour la défense du pays ; elle diminuerait la durée de résistance de la garnison de la place en apportant un surcroît de bouches, hors de proportion avec l'augmentation de force qu'elle donnerait.

L'exemple de la place de Metz est concluant à cet égard : Une armée de 160,000 hommes, la plus belle de la France, fut bloquée, sans pouvoir percer les lignes du blocus, par une armée inférieure en nombre. Bientôt réduite aux derniers expédients pour vivre, elle dut se rendre, tandis qu'une garnison beaucoup moins nombreuse aurait retenu sous ses murs la même armée allemande, pendant longtemps encore.

2. Les désastres de l'armée de l'Est doivent être plutôt mis au compte de la politique et de l'incapacité de certains chefs. Garibaldi qui commandait à Dijon et disposait de forces assez importantes ne s'est-il pas laissé tromper par une démonstration insignifiante alors que l'armée prussienne s'avançait par un mouvement tournant sur Dôle, masquée par ce rideau de troupes que l'armée garibaldienne n'eut pas grande peine à vaincre ? Les négociateurs français de la reddition de Paris signant l'armistice ne négligèrent-ils pas d'y faire figurer la malheureuse armée de l'Est ? Les chefs de cette armée, sans équipements appropriés à la rigueur de la saison, surpris par des ordres contradictoires, croyant être en armistice et un instant après forcés de se battre firent leur devoir et les soldats firent le leur. On ne doit pas oublier qu'ils avaient tenu en échec et presque vaincu le corps d'armée de Werder et que ce n'est qu'un enchaînement inouï de faits imprévus qui a pu les entraîner à leur perte.

CHAPITRE XXVII

1. En Allemagne les quartiers militaires sont chauffés du 15 octobre au 15 mars de manière qu'une température de 15 degrés Réaumur existe toujours.

CHAPITRE XIX

1. Nous avons calculé le thaler de Prusse à raison de 3 fr 50.

2. Le roi de Prusse, qui aimait beaucoup le maréchal Wrangel lui avait accordé la jouissance d'une voiture de la cour qui était toujours à sa disposition.

3. Le chef de l'État-Major le général de Moltke quelque grande que soit sa situation, ne touche que cette solde de représentation. C'est par respect de la tradition et des règlements. Cependant après la campagne de 1870-71 il reçut une dotation considérable.

4. Quel que soit le grade, colonel, lieutenant-colonel ou major.

5. Cette gratification pour l'habillement peut paraître minime; mais en Prusse les officiers arrivent à dépenser peu relativement, car tous les vêtements peuvent être faits par les ouvriers des régiments avec des draps fournis par l'État. Ainsi une tunique qu'un tailleur de Berlin ferait certainement payer 120 francs revient au régiment à 35 francs.

6. Les soldats qui se distinguent par leur application, par leur instruction et qui sont reconnus aptes à faire des caporaux sont avant d'être promus à ce premier grade classés dans les *Gefreite*, c'est-à-dire exempts de toute corvée.

CHAPITRE XXX

1. D'après l'Almanach de Gotha les ordres prussiens sont :

Ordre de l'Aigle noir. — Institué par le roi Frédérick Ier le 18 janvier 1701.

Ordre de l'Aigle rouge. — Créé par Georges-Guillaume prince héréditaire de Brandebourg-Anspach et Bayreuth, 1705 et 1712 ; étendu sous les rois Frédérick-Guillaume III et Frédérick-Guillaume IV et en dernier lieu par le roi Guillaume Ier le 18 octobre 1861.

Ordre du Mérite militaire. Le prince Charles-Émile, 1665 ; ordre du Mérite civil « Ordre de la générosité » réorganisé par Frédérick II en 1740 comme ordre pour le mérite civil et militaire et de nouveau par Frédérick Guillaume III en 1810 comme ordre de mérite militaire auquel Frédérick-Guillaume IV ajouta une classe civile pour les artistes et les savants le 31 mai 1842.

Ordre de la Couronne. Le roi Guillaume Ier le 18 octobre 1861.

Ordre royal de la Maison de Hohenzollern fondé par le roi Frédérick-Guillaume IV le 25 août 1851, étendu par le roi Guillaume Ier le 18 octobre 1861.

Ordre de la Croix de Fer. Frédérick-Guillaume III le 10 mars 1813 ; renouvelé et modifié le 19 juillet 1870 par le roi Guillaume.

Baillage de Brandebourg de l'ordre chevaleresque de Saint-Jean de l'hôpital de Jérusalem, — originaire de la première moitié du quatorzième siècle, reconnu par le traité de Haimbach le 11 juin 1382 ; aboli le 23 janvier 1811 ; relevé le 15 octobre 1852.

Ordre princier de la maison de Hohenzollern. Fondé par le

prince Frédérick-Guillaume Constantin de Hohenzollern Hechingen et Antoine-Frédérick de Hohenzollern-Sigmaringen le 5 décembre 1841 ; il est conféré par les princes de Hohenzollern-Hechingen et Sigmaringen avec l'approbation du roi.

Ordre du Cygne. — L'Électeur Frédérick II en 1440 ; statuts 15 août 1443 ; renouvelé par Frédérick-Guillaume IV le 24 décembre 1843.

2. Voici le décret du roi de Prusse restaurant l'ordre de la Croix de Fer :

En considération de la grave situation dans laquelle se trouve la patrie, et pour rappeler le souvenir des actions héroïques de nos ancêtres aux grandes époques des guerres soutenues pour l'indépendance de la terre allemande, nous voulons faire revivre avec toutes ses prérogatives l'ordre de la Croix de Fer fondé par notre père qui repose en Dieu.

La croix sans distinction de rang ou de classe sera conférée à tous ceux qui soit sur le champ de bataille, soit en dehors auront montré de l'énergie, de la vaillance ou se seront distingués en vue de l'honneur et de l'indépendance de notre chère patrie.

Le ministre d'État nous a soumis le projet qui suit :

1° L'ordre de la Croix de Fer restauré en vue de la guerre actuelle comprendra deux classes et des grand'croix. La décoration distinctive de l'ordre aura le ruban semblable au ruban de celle créée auparavant avec sur la croix l'initiale W au centre d'une couronne et au revers la date de 1870.

2° La deuxième classe (ruban noir avec filets blancs si la décoration est donnée pour fait d'arme et ruban blanc avec filets noirs dans le cas contraire) se portera à la boutonnière ; la première classe sur le côté gauche de la poitrine et la grand'-croix autour du cou.

3° On doit posséder d'abord la décoration de deuxième classe pour pouvoir jouir de celle de 1re classe et les deux décorations se porteront ensemble.

4° La grand' croix ne peut être conférée qu'aux commandants en chef pour avoir gagné une bataille décisive, pour avoir pris une place forte importante, ou bien pour en avoir défendu une pendant un long temps sans que l'ennemi ait pu s'en emparer.

5° Tous les avantages de l'ordre acquis maintenant aux décorations de 1re et de 2e classe seront acquis aux décorations nouvellement données.

6° Nous nous réservons de décider si les décorations existantes seront conférées pendant la présente guerre, et la forme dans laquelle elles seront données.

Berlin, le 19 juillet 1870.

GUILLAUME

Le ministre d'État.

TABLE

Préface I
Avant-propos du traducteur. III
Chap. I. Historique de l'organisation militaire prussienne. . . . 1
    II. Dispositions de la loi prussienne 13
    III. Armée fédérale. 31
    IV. Collèges et écoles militaires 45
    V. Généraux, chefs, officiers, hiérarchie militaire 67
    VI. Examens des aspirants au grade d'officier : règles qui régissent leur entrée dans les régiments et leur avancement 85
    VII. État-Major. 89
    VIII. Infanterie 105
    IX. Cavalerie 125
    X. Artillerie 135
    XI. Génie. 151
    XII. Train 161
    XIII. Infirmiers 163
    XIV. Invalides. 165
    XV. Condamnés. 167
    XVI. Justice militaire et tribunaux d'honneur 169
    XVII. Aumônerie militaire. 171
    XVIII. Gendarmerie. 173
    XIX. Gardes d'honneur — Escortes — Saluts 175
    XX. Corps d'armée. 179
    XXI. Mobilisation de l'armée fédérale. 189
    XXII. Effectif de l'armée fédérale. 203
    XXIII. Importance tactique des différentes armes. 215

XXIV.	Système de combat	7
XXV.	Places fortes	237
XXVI.	Ministère de la guerre	245
XXVII.	Administration militaire	249
XXVIII.	Administration économique des corps. — Habillement, équipement et fournitures.	253
XXIX.	Soldes	257
XXX.	Récompenses	269
Notes		281

FIN DE LA TABLE.

Paris. — Typographie A. Lahure, Rue de Fleurus, 9.

www.ingramcontent.com/pod-product-compliance
Lightning Source LLC
Chambersburg PA
CBHW060408170426
43199CB00013B/2057